广西贺州至巴马高速公路(都安至巴马段)施工现场安全防护设施标准化技术指南

主编单位:广西北部湾投资集团有限公司
广西新发展交通集团有限公司
广西路桥工程集团有限公司
广西路建工程集团有限公司

人民交通出版社股份有限公司
北京

内 容 提 要

本书系统总结了广西贺州至巴马高速公路(都安至巴马段)工程建设项目"施工现场安全防护设施标准化攻关行动"取得的成果,针对安全标志标牌、路基工程、桥梁工程、隧道工程、临时用电、机械设备、涉路施工各分部分项工程安全控制要点、防护设施的规格尺寸、技术要求、安装方法等进行了详细阐述。

本书可供高速公路施工安全技术及管理人员工作参考。

图书在版编目(CIP)数据

广西贺州至巴马高速公路(都安至巴马段)施工现场安全防护设施标准化技术指南 / 广西北部湾投资集团有限公司等主编. — 北京 : 人民交通出版社股份有限公司, 2021.6

ISBN 978-7-114-17248-9

Ⅰ. ①广… Ⅱ. ①广… Ⅲ. ①高速公路—施工现场—安全防护—工程设施—标准化—广西—指南 Ⅳ. ①U415.12-65

中国版本图书馆 CIP 数据核字(2021)第 073799 号

Guangxi Hezhou Zhi Bama Gaosu Gonglu Du'an Zhi Bama Duan Shigong Xianchang Anquan Fanghu Sheshi Biaozhunhua Jishu Zhinan

书　　名: **广西贺州至巴马高速公路(都安至巴马段)施工现场安全防护设施标准化技术指南**
著 作 者: 广西北部湾投资集团有限公司
广西新发展交通集团有限公司
广西路桥工程集团有限公司
广西路建工程集团有限公司
责任编辑: 刘永超　石　遥
责任校对: 孙国靖　扈　婕
责任印制: 张　凯
出版发行: 人民交通出版社股份有限公司
地　　址: (100011)北京市朝阳区安定门外外馆斜街 3 号
网　　址: http://www.ccpcl.com.cn
销售电话: (010)59757973
总 经 销: 人民交通出版社股份有限公司发行部
经　　销: 各地新华书店
印　　刷: 北京市密东印刷有限公司
开　　本: 880 × 1230　1/16
印　　张: 6.5
字　　数: 137 千
版　　次: 2021 年 6 月　第 1 版
印　　次: 2021 年 6 月　第 1 次印刷
书　　号: ISBN 978-7-114-17248-9
定　　价: 60.00 元

《广西贺州至巴马高速公路(都安至巴马段)施工现场安全防护设施标准化技术指南》

编审委员会

主编单位：广西北部湾投资集团有限公司
广西新发展交通集团有限公司
广西路桥工程集团有限公司
广西路建工程集团有限公司

参编单位：育才-布朗交通咨询监理有限公司
广西交科工程咨询有限公司
广西桂通工程咨询有限公司

主　　编：陆原恩

副 主 编：宾　武　李建合　李鸿斌　戴培柱　覃子秀

参编人员：韦　海　韦兴国　余世清　赵春磊　黄日福　马祥友
蓝羽生　蒙东升　饶坤荣　李志群　覃向来　陈博文
苏焕全　万国龙　李先河　谭港裕　覃红将　黄宏良
梁华勇　阳　杨　陈开恒　张庆勇　黄　剑　张　铎
闭志诚　王　梓　杨云山　曾永文　覃海梦　郭健霖
卿　平　吴志鹏　梁耀雷

主　　审：苏伟胜

参审人员：赖增伟　李宗文　玉达变　李鸿斌　青志刚　蔡立永

序

安全生产事关人民福祉,事关经济社会发展大局。党的十八大以来,以习近平同志为核心的党中央高度重视安全生产工作,将其作为事关人民群众生命健康的大事和事关经济社会发展大局、事关全面建成小康社会的重要内容,纳入“四个全面”战略布局积极推进。

一直以来,广西北部湾投资集团有限公司(以下简称“集团”)高度重视生产安全工作,牢固树立安全发展理念和红线意识,以防范生产安全事故为重点,强化落实企业安全生产主体责任,按照“党政同责、一岗双责、齐抓共管、失职追责”和“五落实、五到位”的要求,不断完善安全生产责任体系,健全风险预防控制和隐患排查治理双重预防体系,安全生产标准化建设明显加强,安全生产形势持续稳定好转。高速公路是集团最重要的业务板块,是生产安全工作的重中之重。全面提升高速公路施工现场安全防护水平及标准,是确保企业安全生产的重要抓手,也是企业品牌创建的有力手段。

为进一步规范施工安全管理,防范施工安全生产事故,集团旗下都巴高速公路指挥部创建自治区品质工程示范项目,推进“施工现场安全防护标准化攻关”,通过两年的攻关行动,编写形成了《贺州至巴马高速公路(都安至巴马段)施工现场安全防护设施标准化技术指南》(以下简称“《指南》”)。《指南》充分结合施工现场实际经验,图文并茂、形象生动地解析了贺州至巴马高速公路(都安至巴马段)在安全标志、路基、高边坡、深基坑、桥梁、隧道、用电、机械、涉路等施工安全标准化方面取得的显著成效,有较强的针对性和操作性。《指南》为今后集团高速公路建设项目安全防护标准方面提供了较为全面的标准,促进了集团安全生产体系现代化。希望《指南》能在实践中不断完善,进一步为自治区高速公路建设行业提供可复制、可推广的经验。

安全生产是你我共同的责任和心愿。集团上下要围绕落实安全生产专项整治三年行动方案,不断强化安全生产管理,从严从细抓好各项安全生产工作,确保集团安全形势持续稳定向好,为集团完成“一三四五”战略目标保驾护航,为奋力开创更高质量发展新局面做出应有贡献。

前　言

为深入贯彻党中央、国务院对于加强安全生产工作的系列部署，结合《交通运输部关于打造公路水运品质工程的指导意见》(交安监发〔2016〕216 号)、《交通运输部办公厅关于印发品质工程攻关行动试点方案(2018—2020 年)的通知》(交安监〔2018〕18 号)以及《广西壮族自治区交通运输厅关于印发广西公路品质工程攻关任务试点方案(2018—2020 年)的通知》(桂交建管函〔2018〕208 号)的要求，贺州至巴马高速公路(都安至巴马段)工程建设项目开展了“施工现场安全防护设施标准化攻关行动”。本次攻关行动历时一年半，经过广西北部湾投资集团有限公司、广西新发展交通集团有限公司、广西路桥工程集团有限公司、广西路建工程集团有限公司为主的 7 家单位共同编写、评审，最终形成了《广西贺州至巴马高速公路(都安至巴马段)施工现场安全防护设施标准化技术指南》(以下简称“《指南》”)。《指南》图文并茂地阐述了施工现场桥梁、隧道、高边坡、深基坑等关键部位安全防护设施的设计验算、设置部位、安装形式、维护更换等方面问题，很大程度上提高了施工现场安全防护标准化水平，可有效遏制和减少生产安全事故的发生，对施工现场安全管理工作具有重要指导意义。

《指南》共八章，针对安全标志标牌、路基工程、桥梁工程、隧道工程、临时用电、机械设备、涉路施工各分部分项工程安全控制要点、防护设施的规格尺寸、技术要求、安装方法等进行了详细的说明，形成了一套可用于复制和推广的经验和做法，使公路工程建设项目安全生产规范化、标准化进一步得到提升。

《指南》总结提炼了贺州至巴马高速公路(都安至巴马段)开展工程建设项目“施工现场安全防护设施标准化攻关行动”取得的成果，编审委员会通过开展座谈、总结、评审等形式，广泛吸取自治区内交通运输主管部门等安全生产领域专家的意见，经几次修改、完善，最终形成本书。在此感谢广西北部湾投资集团有限公司、广西新发展交通集团有限公司、广西路桥工程集团有限公司、广西路建工程集团有限公司、育才-布朗交通咨询监理有限公司、广西交科工程咨询有限公司、广西桂通工程咨询有限公司等几家单位的大力支持和帮助。

《指南》中阐述的内容对高速公路建设施工现场安全防护有一定的参考价值，也难免存在不足之处，欢迎广大读者提出宝贵的意见和建议，请反馈至广西新发展交通集团有限公司(南宁市青秀区云景路 39 号，邮编 530000)，以供本书修改和完善。

编　者

2020 年 12 月

目　　录

第1章　安全标志标牌制作指南

1.1　标志标牌分类

禁止标志：禁止人们不安全行为的图形标志，基本形式是带斜杠的圆边框；

警告标志：提醒人们对周围环境引起注意，以避免可能发生危险的图形标志，基本形式是正三角形边框；

指令标志：强制人们必须做出某种动作或采用防范措施的图形标志，基本形式是圆形边框；

提示标志：向人们提供某种信息的图形标志，基本形式是正方形边框。

1.2　安全色

红色：表示禁止、停止，用于禁止标志、停止信号等；

蓝色：表示指令，必须遵守的规定，用于指令标志等；

黄色：表示警告、注意，用于警告警戒标志等；

绿色：表示提示安全状态、通行，用于提示标志、行人和车辆通行标志等。

1.3　安全标志牌一般规定

(1)施工现场出入口、施工起重机械等设备出入通道口和沿线交叉口应设置安全标志，包括禁止标志、警告标志、指令标志和提示标志。

(2)标牌用于工程驻地、施工现场明示相关信息，主要包括工程概况牌、质量安全目标牌、管理人员名单及监督电话牌、安全文明施工牌、重大风险源告知牌、施工现场布置图等。

(3)标志要采用坚固耐用的材料制作(统一使用镀锌材料或不锈钢材料)。有触电危险的场所应使用绝缘材料。边缘和尖角应适当倒棱，呈圆滑状，带有毛边处应打磨光滑。

(4)标志设置的位置应合理、醒目，能引起观察者注意、迅速判读、有必要的反应时间或操作距离。主要机具、设备及施工工序操作规程牌应设置在操作室或操作区域。

(5)标志牌设置的高度应尽量与人眼的视线高度一致。悬挂式和柱式的安全标志牌的下缘距地面的高度在1.2m左右，标志牌的平面与视线夹角应接近90°，观察者位于最大观察距离时，最小夹角不低于75°。

(6)标志牌的固定方式包括附着式、悬挂式和柱式3种。附着式和悬挂式的固定应稳固不倾斜,柱式标志牌垂直度偏差不大于10cm。柱式的标志牌和支架应牢固地连接在一起,保证其自身不会产生危险。

安全标识牌示意图如图1-1所示,固定式安全标识牌示意图如图1-2所示。

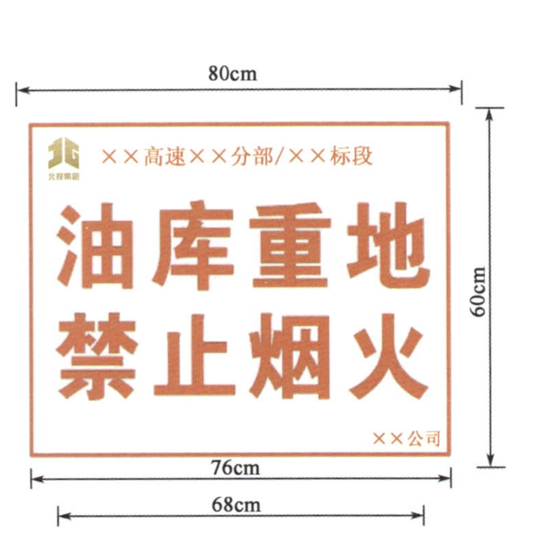

图1-1　安全标志牌示意图

图1-2　固定式安全标志牌示意图

1.4　安全标志的使用

(1)项目部应在驻地、工区驻地、大型桥梁、互通立交、预制场、拌和场、钢筋加工场等作业区域设置工程概况牌、质量安全目标牌、管理人员名单及监督电话牌、安全文明施工牌、重大风险源告知牌和施工现场布置图等。

(2)应当在施工现场出入口或者沿线各交叉口、施工起重机械、拌和场、临时用电设施、爆破物及有害危险气体和液体存放处以及孔洞口、基坑边沿、脚手架、桥梁边沿等危险部位,设置安全警示标志或者必要的安全防护设施。

(3)在进入施工现场的大门入口,应悬挂"进入施工现场必须正确佩戴安全帽"等标志牌。

(4)具有火灾危险物质的场所,如配件仓库、易燃易爆场所等场地,应悬挂"禁止吸烟""禁止烟火""当心火灾""禁止明火作业"等标志牌。

(5)高处作业场所、深基坑周边等场所应悬挂"禁止抛物""当心滑跌""当心坠落"等标志牌。

(6)在各种需要动火、焊接的场所,应悬挂"必须戴防护眼镜""当心火灾""必须穿防护鞋""注意安全"等标志牌。

(7)旋转的机械加工设备旁应悬挂"禁止戴手套""禁止触摸""当心伤手"等标志牌。

(8)设备、线路检修、零部件更换,应在相应设施、设备、开关箱等附近悬挂"正在检修禁止合闸""禁止启动"等标志牌。

(9)有坍塌危险的建筑物、构筑物、设备、门式起重机、井字架、外用电梯等场所，应悬挂“禁止攀登”“禁止逗留”“当心落物”“当心坍塌”等标志牌。

(10)有危险的作业区，如起重吊装、交叉作业、输变电设备的附近，应悬挂“禁止通行”“禁止靠近”“禁止入内” 等标志牌。

(11)专用的运输车道，作业场所的沟、坎、坑、洞等地方，应悬挂“禁止跨越”“禁止靠近”“当心滑跌”“当心坑洞”等标志牌。

(12)在总配电房、总配电箱、各级开关箱等处应悬挂 “当心触电”“有电危险”等标志牌。

(13)在混凝土搅拌机、砂浆搅拌机、钢筋机械设备等旁边应悬挂 “安全操作规程”等标志牌。机车随车携带“安全操作规程”牌。

(14)在出入道口等处设置对应的标志牌外，夜间还应设红灯警示，保证有充足的照明。

(15)设备裸露的运转部分，应设防护罩、防护栏或防护挡板。

(16)特种设备、产生严重职业危害的作业岗位，应按照有关规定设置标识和警示标志。

(17)吊装孔应设置防护盖板或栏杆，悬挂“安全操作规程”等标志牌。

安全标志牌示例见表1-1。

安全标志牌示例　　表1-1

名　　称	图形/图例	制作要求(mm)	安装要求	设置范围和部位
当心机械伤人	 ××高速××分部/××标段 当心机械伤人 ××公司	尺寸为300×400或600×800	悬挂或粘贴	易发生机械卷入、轧压、碾压、剪切等机械伤害的作业场所
当心坑洞	 ××高速××分部/××标段 当心坑洞 ××公司	尺寸为300×400或600×800	悬挂或粘贴	具有坑洞易造成伤害的作业地点，如预留孔洞及各种深坑的上方等处
当心落物	 ××高速××分部/××标段 当心落物 ××公司	尺寸为300×400或600×800	悬挂或粘贴	易发生落物危险的地点，如高处作业、立体交叉作业等的下方
当心塌方	 ××高速××分部/××标段 当心塌方 ××公司	尺寸为300×400或600×800	悬挂或粘贴	易发生塌方危险的地段，如边坡及土方作业的沉坑、深槽，路基路堑开挖，抗滑桩施工等场所

1.5 安全标志牌的检查及管理

(1)项目经理部要定期检查标志牌的状态,保持清洁醒目、完整无损。如发现有破损变形、褪色等不符合要求时,应及时修整或更换。

(2)根据工程特点和不同的施工阶段,现场安全标志牌应及时准确地增补、删减或变动,实施动态管理。

(3)各种安全警示标志设置后,未经安全管理部批准,不得擅自移动或者拆除。

(4)要经常教育从业人员遵守安全警示标志牌的要求,要爱护安全标志牌,对破坏安全警示标志的行为要坚决制止,并依规进行处罚。

第2章 路基工程

2.1 一般规定

路基工程应控制施工可能导致周边环境受到的影响或发生不利事件的安全风险。建设单位组织的设计安全交底中应明确施工现场及毗邻区域内地下管线、地下工程、相邻建筑物和构筑物的有关资料，提供并保证资料的真实、准确、完整，施工单位在开挖过程中应小心验证资料的真实性、准确性。

2.2 安全要点

(1)机械伤害:机械运转工作时，因机械意外故障或违规操作可能造成人身伤害或机械损害。为防止作业人员在作业时违规操作造成被喷出的碎渣打击及落物打击造成伤害，制定了以下安全操作规程：

①必须对小电动钻机进行全面检查，特别是制动部件是否有效。

②对小电动钻机及配套设备进行全面检查。小电动钻机安设必须平稳、牢固;钻架加设斜撑或缆风绳。

③钻进速度应根据地质变化加以控制，以保证安全运转。

④要佩戴好安全防护用品以防止钻孔时飞溅出来的碎渣弄伤。

⑤停止作业时，钻头必须提出孔外。对小电动钻机使用的电缆线要定期检查，接头必须绑扎牢固，确保不透水、不漏电;对经常处于水、泥浆浸泡处应架空搭设。挪移小电动钻机时，不得挤压电缆线。

(2)坍塌和滑坡:路基开挖时因施工方法不当和机械使用不当造成的坍塌和滑坡，容易对人身或机械造成伤害或损害。为防止施工过程中出现坍塌和滑坡事故，应制定防护措施。在施工的过程中，对施工防护的地质情况进行监视。

①锚杆防护施工前认真检查作业区的危石，确保施工人员的安全，施工用电线路、开关设防触电设施，针对施工机械操作制定安全操作规程，对施工人员进行安全教育，非施工人员禁止进入施工区，施工作业平台搭设应牢固可靠并设安全护栏。

②使用前要对设备使用人员进行必要的安全技术交底和教育工作，使用人员必须严格执行交底内容及按安全操作规程操作。使用中应经常对设备进行维修保养，停止使用后切断电源并锁好电闸箱。各种机械设备必须专人专机，凡属特种设备，其操作负责人要按规定每周对施工现场的所有机械设备进行检查，发现问题及隐患及时解决处理，确保机械设

备的完好,防止机械伤害事故的发生。

③对施工锚索防护的地质情况、施工情况等信息,要进行动态监测,对地质监测有出入的应联系设计部门进行相应设计修改。高边坡监测:用于稳定性监测的位移边桩,一般纵向每隔 50 ~ 100m 设置一个观测断面,根据具体情况可酌情增设观测断面。施工时,要设置坡体监测人员,如出现坡体裂痕,应立即警告并要求人员撤出施工现场,停止施工。待经过设计部门检测无安全隐患后,方可恢复施工。

④充分考虑季节性气候对高边坡施工的影响,尽量避免安排在雨季施工。所有高边坡的施工必须提前做好截水沟和排水沟,截断山体水流。排水设施必须与实际地形和邻近的沟渠顺接,确保雨季排水畅通,不积水。

⑤严格执行分级开挖分级防护,对不稳定的边坡采取开挖和防护相结合,避免开挖边坡暴露时间过长,使边坡松弛范围变大,造成不安全因素。

(3)施工便道:现场出入口、便道交叉口应设置明显的安全警示标志,便道交叉口要设置交通导行标志牌。

①重要危险路段要有专人看守,并严格按照安全分级制度设置警示标志和警示带。现场出入口、便道交叉口应设置警示、警告标志,采用与安全等级制度相对应的颜色设置。便道途经的村庄、交叉口、交通繁忙路段、危险地段应设置交通指示、警告标志牌。

②夜间施工路口、村庄附近应设置警示反光标志或照明灯具等,灯光必须明亮并满足施工和通行的要求,照明须由专业电工管理。

③施工便道应保持畅通,靠近河流和陡壁处的便道应设置护栏和明显的警示、警告标志和防撞墩等。

2.3 锚杆格梁安全防护指南

(1)施工前先对脚手架底基础进行处理,整平夯实,不得留有虚土浮渣,基础区域应排水良好。

(2)在地基处理好后,按照脚手架设计要求进行量测放线,定位底架钢管位置,之后方可进行脚手架搭设。

(3)脚手架立杆纵距、立杆横距、步距不得大于 2m。在坡面比较陡的边坡,施工脚手架步距大于 2m 时需在中部增设一根纵向水平杆。

(4)坡底脚手架设置扫地杆,坡上的脚手架不设置。立杆应与钢管底架连接,立杆与横向水平杆交叉处设置一根与坡面垂直的斜拉杆(纵向间隔设置)。

(5)横向水平杆用作纵向水平杆的支座,固定在立杆上。纵向水平杆设置在立杆内侧,固定在横向水平杆上,间距不应大于 40cm,单根长度不应小于 3 跨,两根相邻的纵向水平杆的接头不应设置在同步或同跨内,搭接长度不应小于 1m,应等间距设置 3 个旋转扣件固定。

(6)作业平台临边设置防护栏杆,上栏杆高 1.2m,为给锚杆钻孔机预留充足的作业空间,下栏杆高设为 40cm,并在防护栏上挂设绿色密目式安全网,防护栏底设置高 18cm 的踢脚板。

(7)胶合板脚手板满铺作业平台,胶合板两端宜各箍设直径不小于0.4cm的镀锌钢丝进行固定,严禁出现探头板。

(8)一般每一级边坡从上至下分布3层锚杆,沿坡面搭好脚手架底层框架后,作业平台分层搭设,使材料循环利用。

(9)边坡框格梁、锚杆施工作业平台靠近爬梯端,安设高80cm、宽60cm的"禁止抛物、当心坠落、当心机械伤人、必须系安全带"安全警示标志牌各一块,标志标牌按标准制作。

(10)爬梯采用钢管和胶合板搭设,钢管采用ϕ48.3mm×3.6mm,并刷红白反光漆或粘贴红白反光贴,胶合板厚度不小于2cm。

(11)爬梯宽度不应小于100cm,爬梯两侧设置上下两道栏杆作为扶手,上栏杆高120cm,下栏杆高60cm,沿扶手方向立杆间距不得大于100cm,两侧扶手底设置高18cm的踢脚板。

(12)爬梯踏步高为20cm,踏步宽20cm,脚踏板安装在两根钢管底座上,两端用直径不小于0.4cm的镀锌钢丝箍两道固定。

(13)爬梯设置在作业平台端头,整体固定在作业平台脚手架底座上。

边坡施工脚手架安装示意图如图2-1所示,施工脚手架立面示意图如图2-2所示,安全警示标志牌示意图如图2-3所示,边坡施工脚手架作业平台平面示意图和效果图如图2-4和图2-5所示,施工脚手架爬梯侧面示意图如图2-6所示,爬梯正面示意图如图2-7所示,高边坡爬梯效果图如图2-8所示。

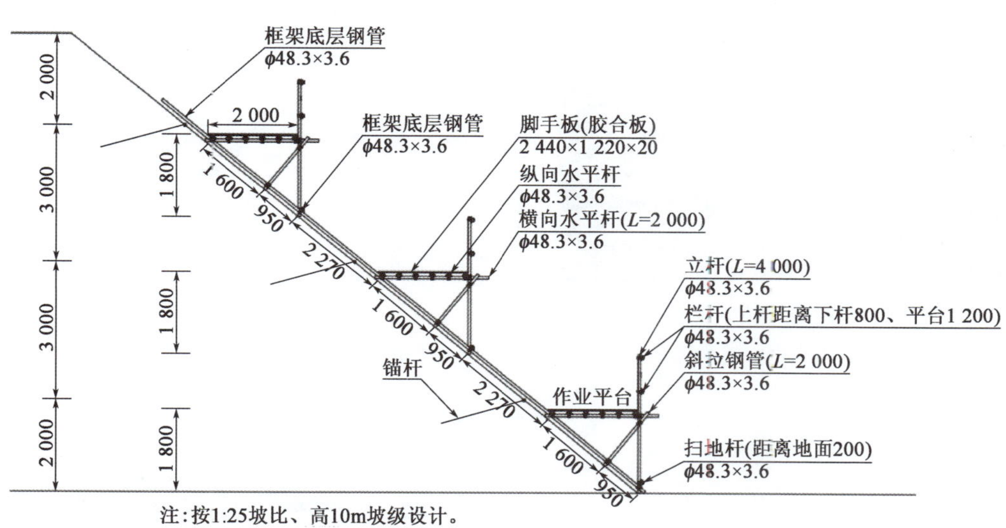

图2-1 边坡施工脚手架安装示意图(尺寸单位:mm)

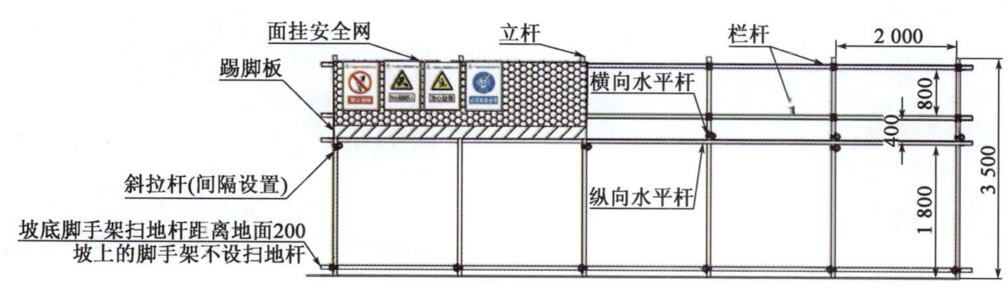

图2-2 施工脚手架立面示意图(尺寸单位:mm)

图 2-3　安全警示标志牌示意图

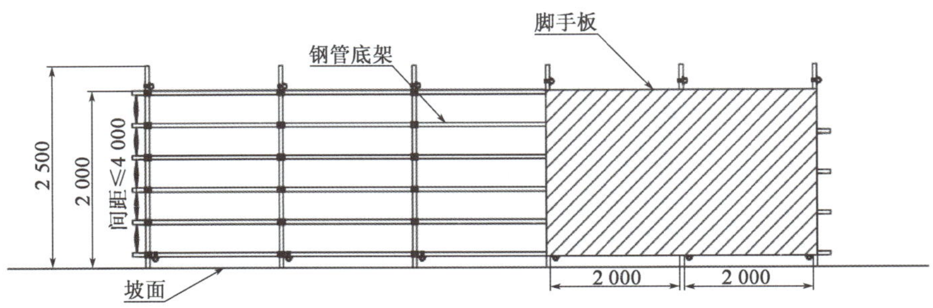

图 2-4　边坡施工脚手架作业平台平面示意图(尺寸单位:mm)

图 2-5　边坡作业平台效果图

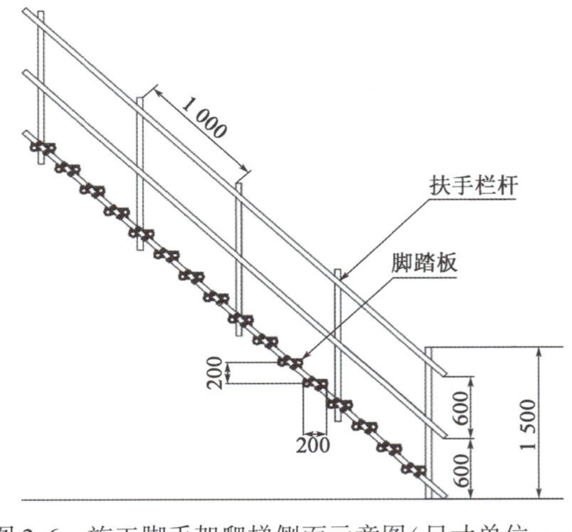

图 2-6　施工脚手架爬梯侧面示意图(尺寸单位:mm)

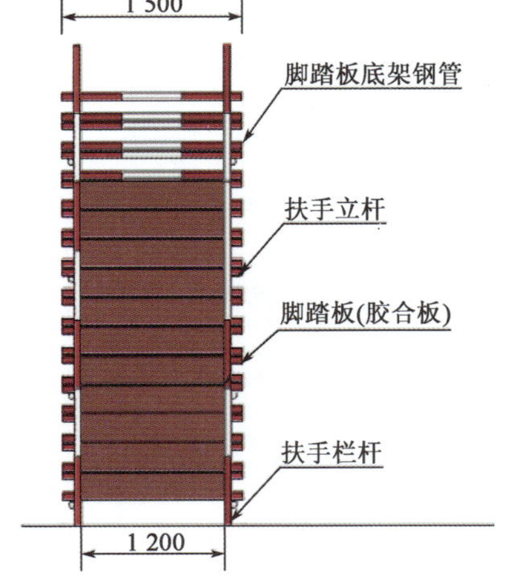

图 2-7　爬梯正面示意图(尺寸单位:mm)

图 2-8　高边坡爬梯效果图

2.4 施工便道安全防护指南

(1)施工便道下边坡高度≤2m。采用警示桩和三角彩旗进行安全警示防护,警示桩上贴工程级反光膜,每20cm贴一圈,红白相间,红色反光膜位于桩顶,直线段桩间距离宜为5m,拐弯段宜为3m;示警桩外露长度至少80cm,警示桩上拉设两条三角彩旗。警示桩示意图如图2-9所示,施工便道临边采用警示桩进行防护效果图如图2-10所示。

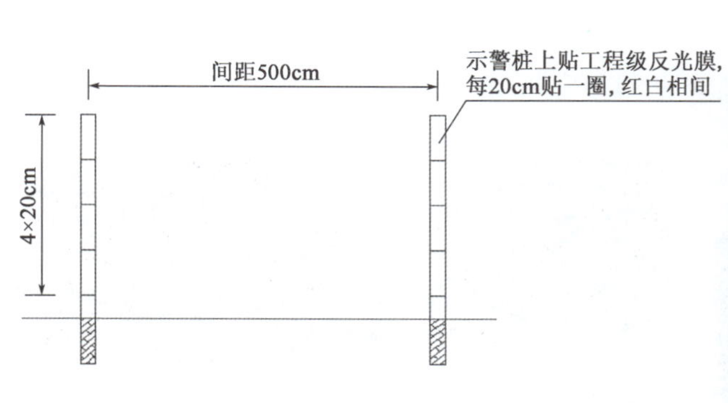

图2-9 警示桩示意图

图2-10 施工便道临边采用警示桩进行防护效果图

(2)2m<施工便道下边坡高度≤4m。采用钢管护栏进行临边防护,钢管护栏涂红白相间油漆,钢管护栏立杆埋深为20cm,设置上下两道横杆,上横杆距地面高度为120cm,下横杆距地面高度为60cm,立杆间距为200cm。施工便道临边采用钢管进行防护示意图如图2-11所示,施工便道临边采用钢管进行防护效果图如图2-12所示。

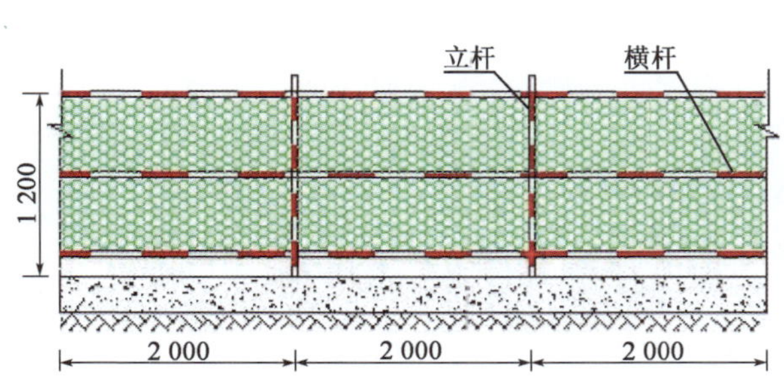

图2-11 施工便道临边采用钢管进行防护示意图(尺寸单位:mm)

图2-12 施工便道临边采用钢管进行防护效果图

(3)施工便道下边坡高度>4m或施工便道急弯处。采取安装波形护栏或浇筑水泥墩刚性防护方式进行临边防护,水泥墩高为60cm,上、下底宽最少为30cm,基础可视实际情况加大;水泥墩埋入地表深度不少于30cm,设钢筋连接;水泥墩间距不大于200cm(可连接设置)。施工便道临边防护采用波形护栏进行防护示意图如图2-13所示,施工便道临边防护采用波形护栏进行防护和采用浇筑混凝土进行防护效果图如图2-14和图2-15所示。

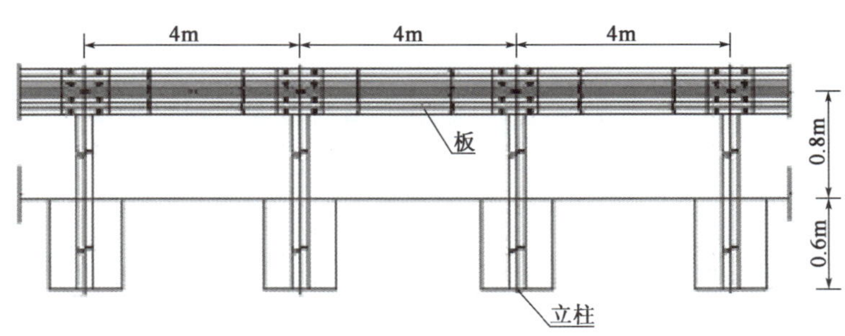

图 2-13　施工便道临边防护采用波形护栏进行防护示意图

图 2-14　施工便道临边防护采用波形护栏进行防护效果图

图 2-15　施工便道临边防护采用浇筑混凝土进行防护效果图

2.5　涵洞施工临边防护指南

基坑两边醒目位置应设安全标志标牌。距离基坑开挖线边缘 100cm 以外搭设高度不小于 120cm 的防护栏杆，立杆间距不大于 200cm，立杆与横杆宜采用钢管制作，并涂上红白相间的反光漆，钢管防护外侧安装装配式护栏。基坑临边钢管防护示意图如图 2-16 所示，装配式护栏防护示意图如图 2-17 所示，涵洞临边防护效果图如图 2-18 所示。

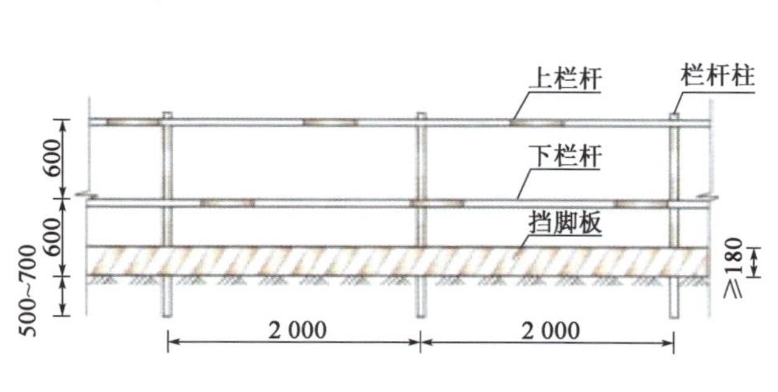

图 2-16　基坑临边钢管防护示意图(尺寸单位：mm)

图 2-17　装配式护栏防护示意图(尺寸单位：mm)

图2-18　涵洞临边防护效果图

第3章　桥 梁 工 程

3.1　一般规定

(1)桥梁工程应按要求进行施工安全风险评估,编制相应的总体、专项风险评估报告,并组织专家评审;施工风险评估应根据桥梁工程具体特点及环境进行。

(2)施工单位还应对危险性较大的基坑基础、大型临时工程及桥梁专项工程编制专项施工方案,并按照规模程度组织专家审查、论证,详见现行《公路工程施工安全技术规范》(JTG F90)。

(3)专项施工方案应包含针对性强的技术分析及安全技术控制措施,监理工程师应严格审查安全生产条件。

(4)开工前,施工单位应根据建设单位提供的施工现场及毗邻区域内水、电、气、通信等地下管线资料进行复查并做好标识,采取移出、保护或加固措施,确保管线安全。

(5)作业使用的机械、特种设备应符合其安装、维护、使用、检验和拆除等管理规定,确保处于良好状态。施工单位应根据安全操作规程在施工现场设置安全操作规程牌进行明示。

(6)特种作业人员应经过专业培训,持证上岗。进入施工现场的人员应按规定佩戴、使用劳动安全防护用品。

(7)分部分项工程开工前,应进行三级安全技术交底。工班长每天班前会应组织进行危险告知。新建涉铁、涉路及涉航桥梁时,应向所属相关管理部门办理行政审批。施工方案、保通方案必须满足安全施工及安全通行运营相关标准、法规及地方规定要求,安全技术评价由第三方评价机构按相应管理办法完成。

(8)特大桥及上跨高速公路施工应安装视频监控,监控点选择在施工人员集中进出口、挂篮后锚固区、挂线点车辆过孔等位置。

(9)施工单位应及时掌握气象信息,做好安全防范工作。遇雷暴及六级及以上大风等恶劣天气时,应立即停止高处露天作业、缆索吊装及大型构件起重吊装等作业。

3.2　安全要点

(1)翻模、爬模、移动模架施工的实心或空心钢筋混凝土墩柱工程,应根据工程的现场条件编制专项施工方案并经专家论证、审查。

(2)模板、钢筋笼吊装前,吊装机械就位应平稳、牢固,吊装所用的钢丝绳卸扣要满足吊装的安全要求,吊点须合理、牢固。

(3)钢筋绑扎及安装作业时,严禁作业人员翻爬或站立在骨架上作业,作业人员不得攀爬脚手架以及防护栏杆,严禁随意向下投掷工具、杂物。

(4)墩柱钢筋骨架及模板应设置临时支撑,防止倾覆。墩柱钢筋笼设立完成后,8~12m设置一道缆风绳,每增加10m高度增设一道缆风绳,钩挂在环向加强筋上,后续工序中转移到模板相近高度;模板上的螺栓数量及安装要求严格按照施工方案的要求执行。

(5)盖梁托架不得使用千斤顶作为支承设施。墩柱、盖梁混凝土浇筑时,应有专人进行监测观察,混凝土每次浇筑高度和速度严格按照施工方案执行,防止爆模;发现模板、支架以及支撑体系出现位移、变形等异常情况时,应及时撤离人员,查明原因后进行校正和加固。

(6)应根据预制梁结构特点和现场环境状况编制运输和架设方案,尤其注意选择合适的吊装机械、运输车辆和配套设备;长度不小于40m的预制梁运输与安装专项方案须经专家论证。

(7)梁板架设所采用的起重设备,应满足施工方案要求并持有有效的出厂合格证、检验合格证、使用登记证等证书。特殊工种作业人员必须持证上岗,并组织相关作业人员进行安全技术交底。

(8)在运梁前应对运梁设备、道路进行检查;首次运梁应有技术人员全程监控。

(9)作业人员穿越中央分隔带时应走专用通道,不得跨越左右幅间空隙。

(10)护栏施工过程中,严禁在高处直接向下抛物;施工结束后应及时做好作业面的清场工作。

(11)桥面临时用电,应严格按照"三级配电、两级保护"及"一机一闸一箱一漏"的要求落实。

(12)桥面材料及机械设备的堆放,必须进行规划,并报监理审批,堆放处应进行安全围挡和设立警示标志,严禁乱堆乱放。

3.3 桩基施工防护指南

泥浆池开挖线形顺直,临边搭设钢管和装配式护栏进行防护,钢管护栏涂红白相间油漆,护栏外侧设置装配式护栏。钢管立杆间距为200cm,立杆埋深为30cm,设置上下两道横杆,上横杆距地面高度为120cm,下横杆距地面高度为60cm,钢管护栏距泥浆池边缘为50cm。孔口临边安全围挡示意图如图3-1所示,孔口临边安全围挡效果图如图3-2所示,孔口临边安全围挡效果图如图3-3所示,泥浆池临边安全防护示意图如图3-4所示,泥浆池临边安全防护效果图如图3-5所示。

3.4 高墩施工防护指南

(1)根据《建筑施工承插型盘扣式钢管支架安全技术规程》(JGJ 231—2010),墩柱施工采用 M60 盘扣式钢管支架作为模板施工支撑架体,该支撑架体主要由立杆、横杆、斜杆、可调底托、可调顶托、主龙骨梁、次龙骨梁等组成,其中立杆采用直径为 6cm 的镀锌钢管制成,壁厚为 0.32cm,材质为 Q345B 高强度低合金钢,具有高强度、高承载能力的特点。

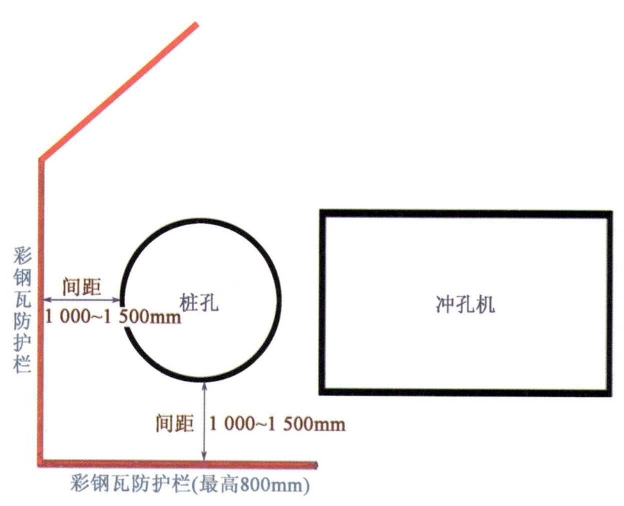

图 3-1　孔口临边安全围挡示意图

图 3-2　孔口临边安全围挡效果图

图 3-3　孔口临边安全围挡效果图

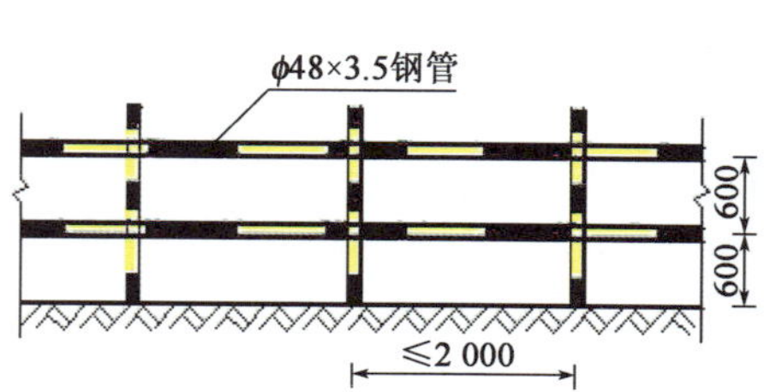

图 3-4　泥浆池临边安全防护示意图
(尺寸单位:mm)

图 3-5　泥浆池临边安全防护效果图

（2）架体的连接形式：采用横杆和斜杆端头的铸钢接头上的自锁式楔形销，插入立杆上按 50cm 模数分布的花盘上的孔，用榔头由上至下垂直击打销子，销子的自锁部位与花盘上的孔形配合而锁死，拆除时，只有用榔头由下向上击打销子方可解锁，具体如图 3-6 所示。

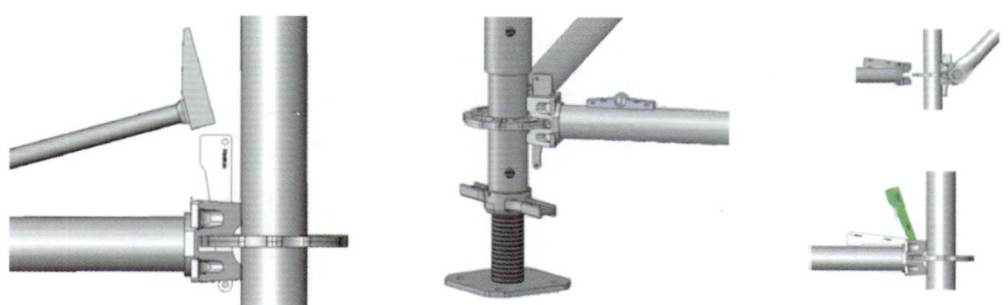

图 3-6　盘扣架组件示意图

（3）盘扣式满堂支架设计：

①立杆横向间距为 60cm，立杆纵向间距为 90cm，水平杆步距为 1.5m，水平剪刀撑每两个步距设 1 排。

②盘扣架配件安装示意如图 3-7 所示。

	步骤一：依脚手架配置图尺寸放样后，将调整座排列至定点。
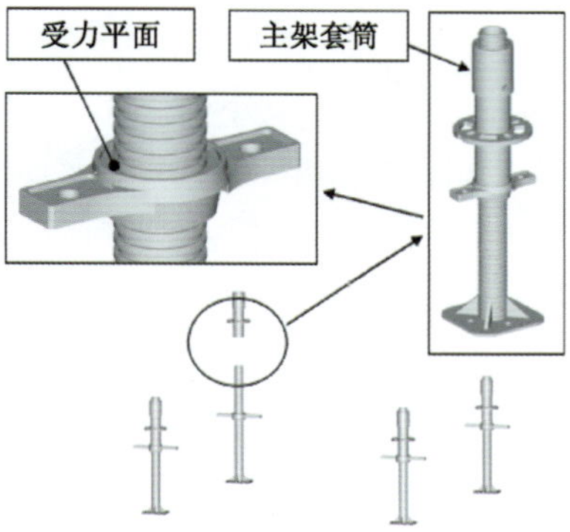 受力平面 主架套筒	步骤二：将标准基座的主架套筒部分朝上套入调整座上方，标准基座下缘需完全置入扳手受力平面的凹槽内。
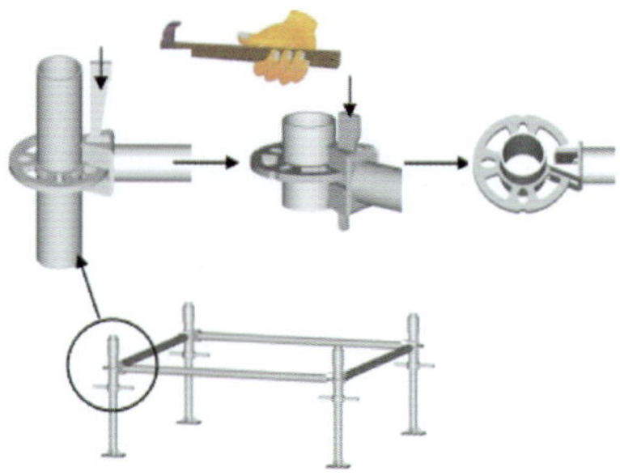	步骤三：将横杆头套入圆盘小孔位置使横杆头前端抵住主架圆管，再以斜楔贯穿小孔敲紧固定。

图　3-7

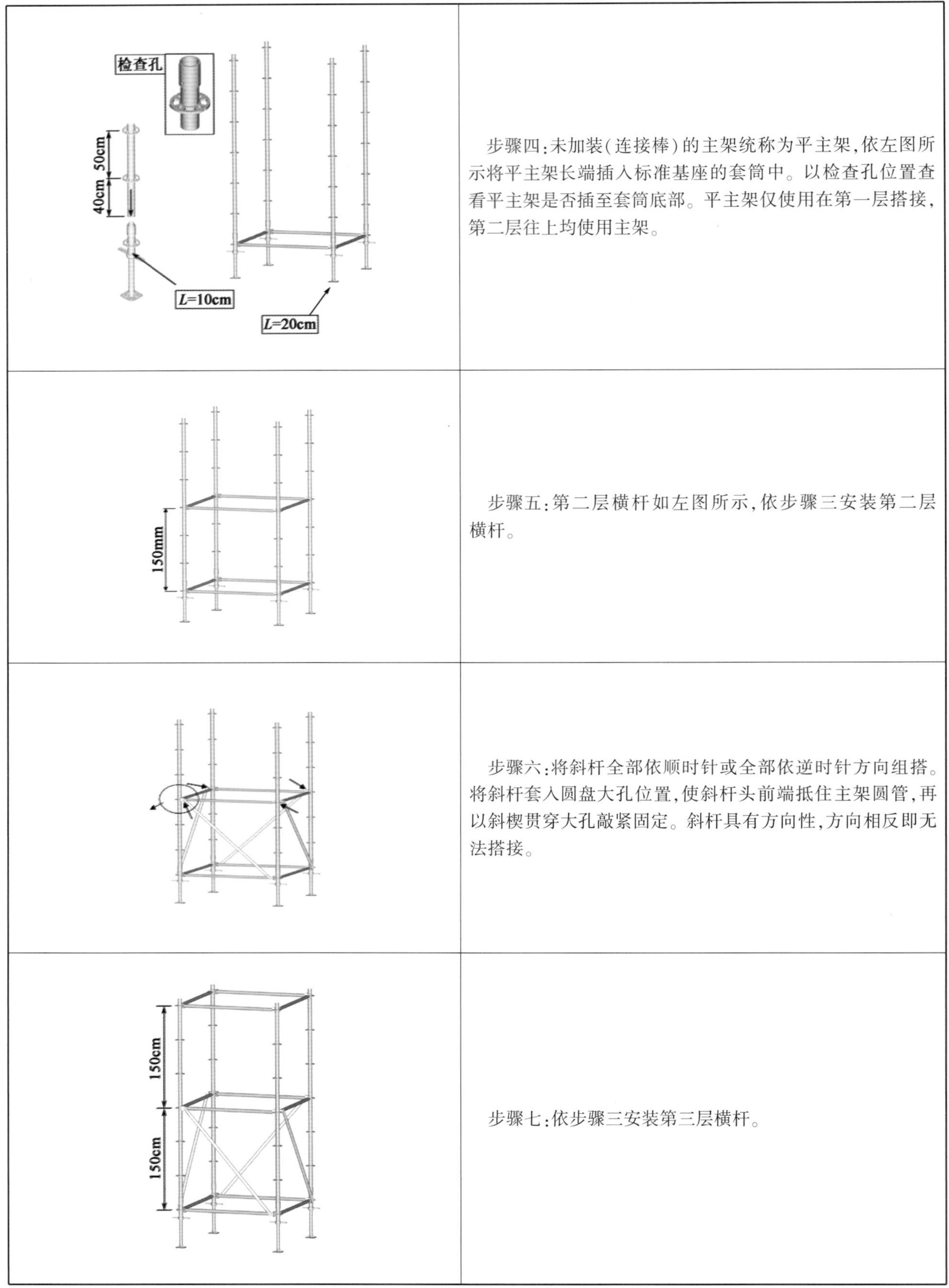

步骤四:未加装(连接棒)的主架统称为平主架,依左图所示将平主架长端插入标准基座的套筒中。以检查孔位置查看平主架是否插至套筒底部。平主架仅使用在第一层搭接,第二层往上均使用主架。

步骤五:第二层横杆如左图所示,依步骤三安装第二层横杆。

步骤六:将斜杆全部依顺时针或全部依逆时针方向组搭。将斜杆套入圆盘大孔位置,使斜杆头前端抵住主架圆管,再以斜楔贯穿大孔敲紧固定。斜杆具有方向性,方向相反即无法搭接。

步骤七:依步骤三安装第三层横杆。

图 3-7

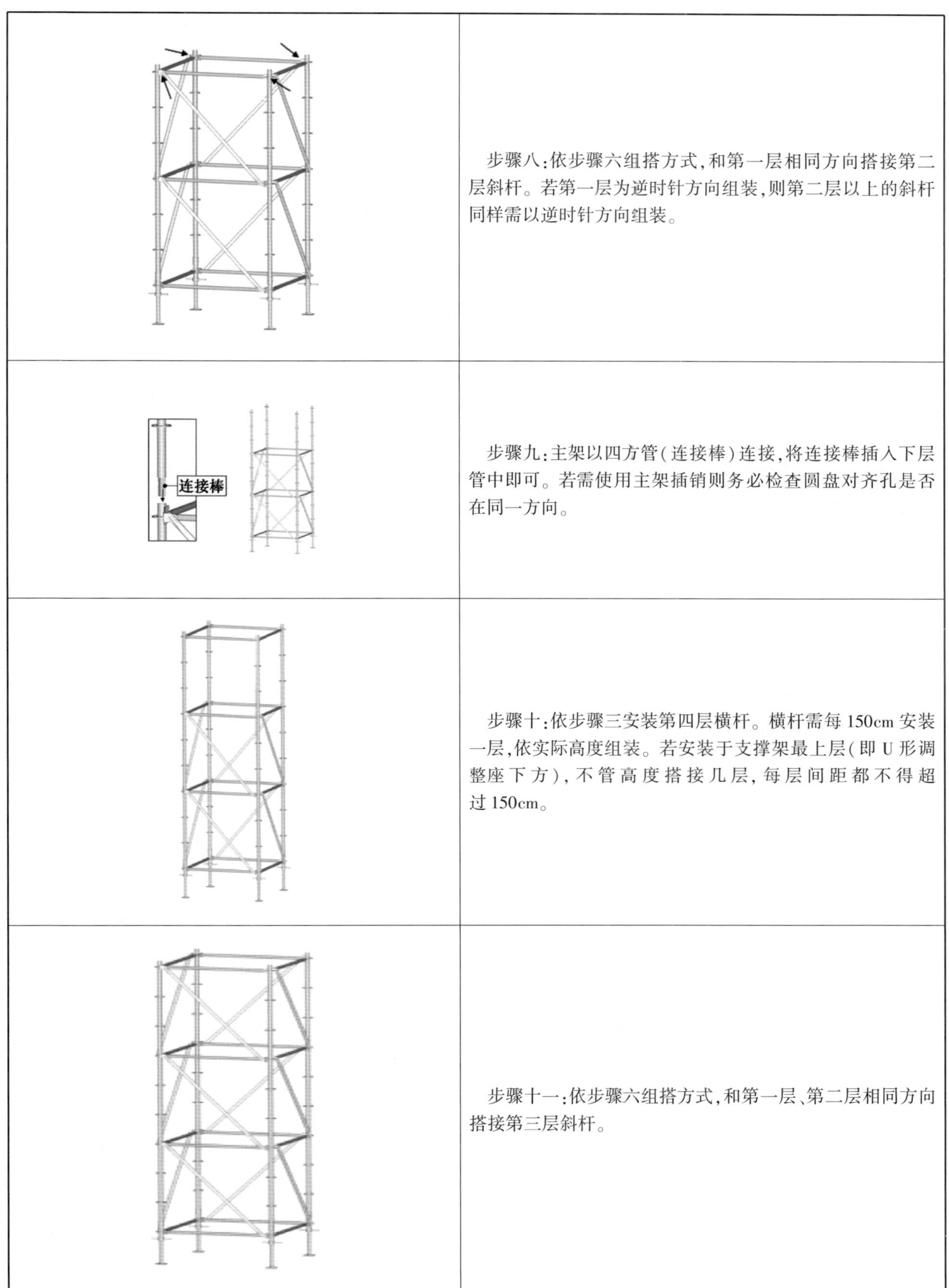

步骤八：依步骤六组搭方式，和第一层相同方向搭接第二层斜杆。若第一层为逆时针方向组装，则第二层以上的斜杆同样需以逆时针方向组装。

步骤九：主架以四方管(连接棒)连接，将连接棒插入下层管中即可。若需使用主架插销则务必检查圆盘对齐孔是否在同一方向。

步骤十：依步骤三安装第四层横杆。横杆需每150cm安装一层，依实际高度组装。若安装于支撑架最上层(即U形调整座下方)，不管高度搭接几层，每层间距都不得超过150cm。

步骤十一：依步骤六组搭方式，和第一层、第二层相同方向搭接第三层斜杆。

图 3-7

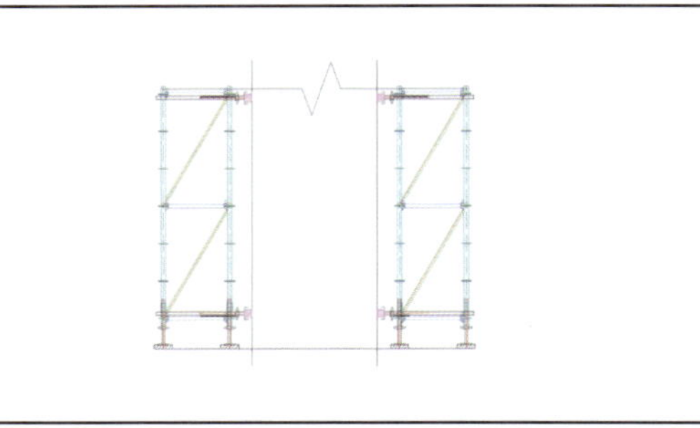	步骤十二:支架与墩柱之间的固定。为保证支架的稳固性,支架需要顶住墩柱,纵向位置每隔两个步距设置一道,至少布置3道抱箍,架体与墩柱之间间隔20cm,间隔处用方木垫衬。

图3-7　盘扣架配件安装示意图

(4)搭设的其他注意事项:

①底座的轴心线应与地面垂直,底座伸出钢管的自由长度不得超过20cm。

②支架搭设应按立杆、横杆、斜杆的顺序逐层搭设,每次上升高度不大于3m。底层水平框架的纵向直线度应≤L/200;横杆间水平度应≤L/400。

③支架的搭设应分阶段进行,第一阶段的撂底高度一般为6m,搭设后必须经检查验收后方可正式投入使用。

④支架全高的垂直度应小于L/500;最大允许偏差应小于10cm。

⑤可调顶托伸出长度不宜超过20cm,插入立杆内的长度不得小于15cm。可调撑螺杆外径与立柱钢管内径的间隙不宜大于0.3cm,安装时上下应同轴。

⑥支架外立面应布满竖向斜杆。

⑦顶层应布满水平斜杆,扫地杆层宜满布水平斜杆。

(5)安全爬梯施工:

①安放可调节底座(图3-8):在墩柱旁安装安全爬梯的位置必须夯实、平整。最好是水泥硬化地面,若未硬化处理的地面最好能垫铺整块的钢板。首先将可调节底座4支按照长243.8cm、宽126.8cm的中心距离摆放在需要安装爬梯的合理位置。并将螺母调节到最低点(根据地面情况,4个螺母应调节在同一水平线上)。

图3-8　可调节底座安装

②安装脚手架立杆和横杆连接:将长313.5cm的立杆4支分别套在可调节底座上并用横杆将立杆连接成一个整体,长度方向用长243.8cm的横杆,装在高一点方向的销库里。宽度方向用长126.8cm的横杆,装在低一点方向的销库里[注意宽度方向最下面一条不装横杆,应装用角钢焊接成的长243.8cm横撑(放置在楼梯上面)]。横杆按顺序向上安装(75加强型按每75cm一层搭建)。安装时注意整体爬梯架身的水平与直角度(通道进口处最下面一条是横撑,用于放置楼梯,以上留三个位置不用安装横杆,作为通道进口)。

爬梯立杆安装如图3-9所示,爬梯横杆安装如图3-10所示。

图3-9　爬梯立杆安装

图3-10　爬梯横杆安装

③安装横撑和楼梯(图3-11):横撑的装法是以第一条(进口处最低一层装横撑)为基础,对面1.5m处再装一条(横撑是用来放置楼梯的,楼梯的垂直高度为1.5m)。以此类推,对面每隔1.5m装一条(一个面上间隔3m装一条)。楼梯安装与横撑同步进行,直接将楼梯放置在横撑上,摆正放好即可。应注意转角平台大的方向放在下面,转角平台小的方向放在上面。

图3-11　爬梯横撑和楼梯

④安装斜拉杆(图3-12):斜拉杆是用来安装在整体架子外面以保持架子的稳定性,斜拉杆的长度为330.2cm。应注意斜拉杆一定要装在两层架子之间,使其起到连接上下层的作用,以增加爬梯的稳定性。

图3-12　爬梯斜拉杆安装

⑤安装楼梯内扶手(图3-13):楼梯扶手是装在楼梯内侧的,用所配套的螺钉、螺母直接将扶手固定在楼梯内面即可。应将螺钉锁紧,以确保行人安全。

图 3-13　爬梯楼梯安装扶手

⑥往上加高并安装附着(图 3-14):按照以上安装顺序,以此类推向上安装,直到达到所需要的高度为准。每加高一层时,都必须用配套的螺钉将上、下层立杆连接好并锁紧,以确保爬梯的整体稳定性,并根据实际高度进行合理的墙体附着,没做好相应的附着不能继续往上安装。应安装到每隔 3 ~ 6m 时,做一层附着(附着连墙件宜水平设置,当不能水平设置时,连接爬梯架体一端应低于与建筑主体结构相连的一端,连墙件的坡度宜小于 1 : 3)。在 30m 以上应加强附着:每隔 3m 就必须做一层附着,并且确保附着牢固。附着时将搭设好的安全爬梯通道与墩柱附着在一起。需要有可靠的依附体,用脚手架钢管及扣件牢固地固定在附着体上,也可以使用焊接的方式进行固定。高墩安全防护标准化效果图如图 3-15 所示。

图 3-14　爬梯加高、安装附着

图 3-15　高墩安全防护标准化效果图

3.5 盖梁施工安全防护指南

(1)安全施工装配式盖梁作业平台主要的技术参数为:公称尺寸3 000mm×850mm×1 500mm、2 000mm×850mm×1 500mm、1 000mm×850mm×1 500mm(长×宽×高)三种安全施工通道作业平台和公称尺寸850mm×850mm×1 500mm的转角专用平台,主要构件盖梁通道框为40mm×40mm×3mm的方管、立柱套管为50mm×50mm×3mm的方管、平台板以及活动面板为防滑花纹板,安全网采用40mm×40mm×2mm的方管,网片采用优质深冲板加工的菱形钢板网,网格5mm×10mm,板厚3.0mm,网梗2.5mm。

(2)盖梁通道框前端采用活动盖板设计,方便施工人员对下方拉杆螺丝施工操作,平台之间采用螺栓连接,具有装拆方便的优点,各个平台与平台相互连接,安全可靠。消除了以往使用钢管搭设铺木板所存在不安全因素。

安全施工装配式盖梁作业平台产品一览表见表3-1。

安全施工装配式盖梁作业平台产品一览表 表3-1

名称和规格	产 品 图 片	用 料 规 格	简介和优点
盖梁施工平台 3 000mm×850mm		边框横梁用料:□40mm×3mm 垂直导向管用料:□50mm×3mm 平台角铁用料:∠50mm×5mm 平台踏板用料:2.5cm厚花纹板	盖梁施工平台(3m)是安装在分布梁上总长度3 000cm的一种供施工人员在盖梁上通行和施工的安全平台,前端的板面采用合页设计,方便施工人员操作,是使用量比较多的一个规格
盖梁施工平台 2 000mm×850mm		边框横梁用料:□40mm×3mm 垂直导向管用料:□50mm×3mm 平台角铁用料:∠50mm×5mm 平台踏板用料:2.5cm厚花纹板	盖梁施工平台(2m)是安装在分布梁上总长度2 000cm的一种供施工人员在盖梁上通行和施工的安全平台,前端的板面采用合页设计,方便施工人员操作,是使用量比较多的一个规格,是用于盖梁尺寸长度在使用(2m)型号操作距离过长时使用
盖梁施工平台 1 000mm×850mm		边框横梁用料:□40mm×3mm 垂直导向管用料:□50mm×3mm 平台角铁用料:∠50mm×5mm 平台踏板用料:2.5cm厚花纹板	盖梁施工平台(1m)是安装在分布梁上总长度1 000cm的一种供施工人员在盖梁上通行和施工的安全平台,前端的板面采用合页设计,方便施工人员操作,是使用量比较多的一个规格,是用于盖梁尺寸长度在使用(2m)型号操作距离过长时使用

续上表

名称和规格	产品图片	用料规格	简介和优点
盖梁转角平台 850mm × 850mm		边框横梁用料:□40mm × 3mm 垂直导向管用料:□50mm × 3mm 平台踏板用料:2.5cm 厚花纹板	盖梁转角平台安装在分布梁上四个角位的专用转角平台
盖梁施工护网 2 990mm × 1 450mm		边框用料:□40mm × 2mm 加强筋角钢用料:∠30mm × 2mm 钢板网用料:网格 5mm × 10mm,板厚 3.0mm,网梗 2.5cm	盖梁施工护网(3m)是安装在盖梁施工平台(3m)上的一种保障施工人员在盖梁上通行和施工安全的护网
盖梁施工护网 1 990mm × 1 450mm		边框用料:□40mm × 2mm 加强筋角钢用料:∠30mm × 2mm 钢板网用料:网格 5mm × 10mm,板厚 3.0mm,网梗 2.5cm	盖梁施工护网(2m)是安装在盖梁施工平台(2m)上的一种保障施工人员在盖梁上通行和施工安全的护网
盖梁施工护网 990mm × 1 450mm		边框用料:□40mm × 2mm 加强筋角钢用料:∠30mm × 2mm 钢板网用料:网格 5mm × 10mm,板厚 3.0mm,网梗 2.5cm	盖梁施工护网(1m)是安装在盖梁施工平台(1m)上的一种保障施工人员在盖梁上通行和施工安全的护网
盖梁转角护网 850mm × 1 450mm		边框用料:□40mm × 2mm 加强筋角钢用料:∠30mm × 2mm 钢板网用料:网格 5mm × 10mm,板厚 3.0mm,网梗 2.5cm	盖梁转角护网是安装在盖梁转角平台上的一种保障施工人员在盖梁上通行和施工安全的护网

安全施工装配式盖梁作业平台示意图如图 3-16 所示,安全施工装配式盖梁作业平台示意图如图 3-17 所示,盖梁施工作业平台效果图如图 3-18 所示,盖梁施工作业平台效果图如图 3-19 所示。

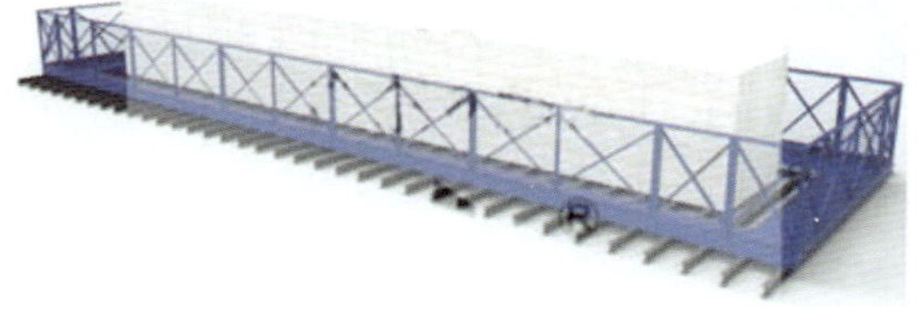

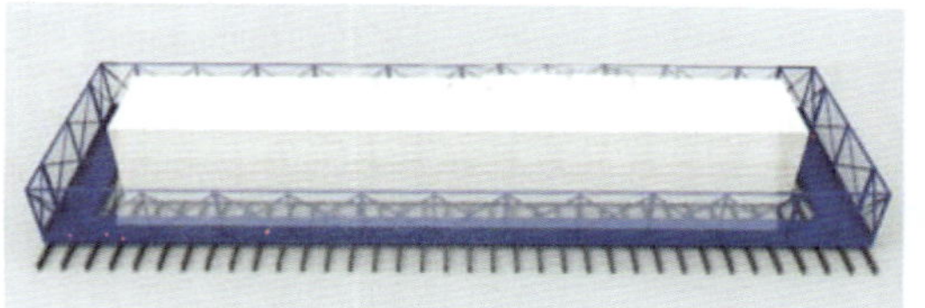

图 3-16　安全施工装配式盖梁作业平台示意图

图 3-17　安全施工装配式盖梁作业平台示意图

图 3-18 盖梁施工作业平台效果图

图 3-19 盖梁施工作业平台效果图

3.6 现浇箱梁支架临边防护指南

安全防护栏杆由上、中两道横杆、立柱和挡脚板组成。上横杆的高度为 120cm，中横杆的高度为 60cm，踢脚板高度应≥ 18cm，立柱间距为 200cm，立杆扣在钢管上，所有栏杆应刷红、白(黄黑)相间警示漆，红、白(黄黑)漆间距为 30 ~ 50cm，栏杆内侧挂密目式安全网，并设置相应的安全警示标志。钢管进行防护示意图如图 3-20 所示，现浇箱梁支架临边效果图如图 3-21 所示。

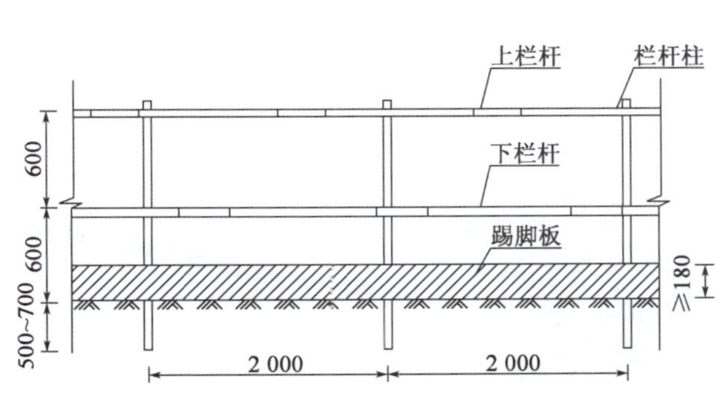

图 3-20 钢管进行防护示意图(尺寸单位:mm)

图 3-21 现浇箱梁支架临边效果图

3.7 桥面施工临边防护指南

(1)桥面临边搭设尺寸为 2 000mm × 1 200mm 黄色安全护栏，固定在防撞墙预埋钢筋上。

(2)防护栏采用厚度 1.5 mm ,40mm × 60mm 的方通管进行焊接制作。

(3)网片采用厚度 1 mm，圆孔 ϕ100mm 的钢板网。

(4)防护栏整体采用喷涂黄色油漆，并进行烤漆工艺制作。

(5)踢脚板采用厚度 1mm 的钢板焊接，外层张贴黄黑相间对比色的反光贴，对比色条纹斜度与基准面成 45°，宽度为 150mm。

(6)企业标识板采用厚度1mm的钢板焊接,外层张贴印有企业logo和"广西路桥集团"字样的蓝色反光贴。

安全护栏示意图如图3-22所示,桥面临边防护效果图如图3-23所示。

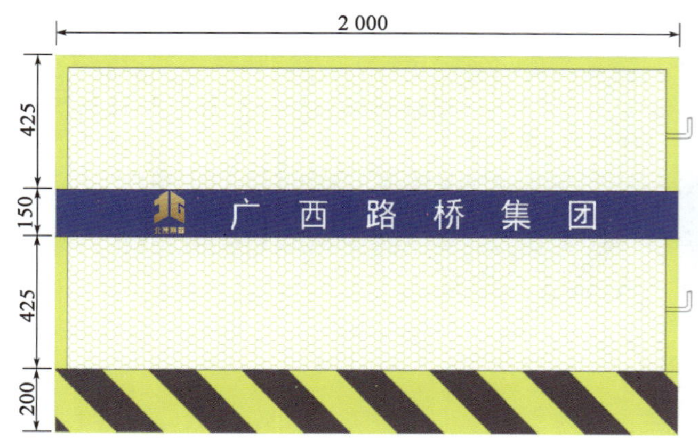

图3-22 安全护栏示意图(尺寸单位:mm)

图3-23 桥面临边防护效果图

3.8 预制梁施工平台防护指南

(1)预制梁平台框架采用方钢制作,长度6m,并喷上橙色喷漆,平台高度和梁体模板一致,平台临边设置钢管防护,钢管护栏涂红、白相间油漆,可活动拆开,高度90cm。

(2)预制梁步梯同样采用方钢制作,长度2.5m,宽度55cm,两边扶手采用钢管制作,高度90cm,并涂红、白相间油漆。预制梁施工平台示意图如图3-24所示,预制梁施工平台效果图如图3-25所示。

图3-24 预制梁施工平台示意图

图3-25 预制梁施工平台效果图

(3)预制梁张拉作业平台:

①预制梁张拉时,为防止张拉时锚夹具或钢绞线断裂飞出造成意外,在预制梁两端设置张拉挡板。挡板分别为箱梁张拉挡板和T梁张拉挡板,其中:挡板支架均采用高度为8cm的槽钢作为立支撑杆;张拉千斤顶挂钩横杆采用高度为15cm的工字钢作为支撑;挡板材料采用一层2cm厚竹胶板加一层3mm厚钢板制作,挡板位置距张拉钢绞线的端部1.5~2m,

且应高出最上一组张拉钢绞线0.5m,挡板边缘与钢绞线的垂直距离不小于1m,孔道压浆应按预应力张拉安全设施的有关规定进行。

②挡板需张贴安全警示标志并粘贴安全操作规程。雨天张拉时,还应架设防雨棚。

③预应力张拉区域应设置明显的安全标志,禁止非操作人员进入。

箱梁张拉挡板示意图如图3-26所示,箱梁张拉挡板效果图如图3-27所示。

图3-26 箱梁张拉挡板示意图

图3-27 箱梁张拉挡板效果图

3.9 钢栈桥临边防护指南

按照施工方案施工,钢栈桥宽度为6m,钢栈桥两端设置限宽、限重、限速等安全标志牌,临边采用钢管和装配式护栏进行防护,钢管上横杆距地面高度为120cm,下横杆距地面高度为60cm,立杆间距为200cm,钢管内侧安装装配式护栏,护栏上挂设救生圈、救生衣、警示标志、LED警示灯。钢栈桥临边防护示意图如图3-28所示,钢栈桥临边防护效果图如图3-29所示。

图3-28 钢栈桥临边防护示意图

图3-29 钢栈桥临边防护效果图

第4章 隧道工程

4.1 一般规定

(1)隧道施工临时设施应布置在免受洪水、泥石流、滑坡、塌方等地质灾害的地段,施工和生活区域要明显分开,平面布置要科学,间距要合理,并配备足够的消防设备。施工现场的风、水、电、照明设施应做出统一规划、合理布置,并在隧道开工前完成。

(2)隧道施工应按设计文件规定的施工方法制订专项施工方案,地质条件发生变化时,应及时进行设计变更;隧道施工时应严格按照方案组织施工,不得擅自改变施工方法。

(3)隧道施工必须强化施工工序和现场管理,确保支护到位,支护不得滞后,安全步距不得超标。

(4)超前地质预报和监控量测应作为必要工序统一纳入施工组织管理。施工过程中必须落实超前地质预报各项规定,监控量(探)测数据达到预警值时应进行核查、组织评估,出现危险征兆时应立即停工处置,严禁冒险施工作业。

(5)必须严格控制现场作业人数,开挖作业面不宜超过9人,掘进作业面应实施机械化作业。所有进入隧道施工区域的人员,必须按规定佩戴安全防护用品;各类特殊岗位人员均应持证上岗。

(6)必须对有毒有害气体进行监测监控,加强通风管理,严禁浓度超标施工作业。

(7)必须按照规定设置逃生管道,严禁在安全设施不到位的情况下施工作业。

(9)隧道洞口、开关箱、配电箱、台车、台架、坑洞和仰拱开挖等危险区域应设置醒目的安全警示标志,洞内施工机械、设备、设施均应设反光标识;台车和移动台架应设灯带轮廓标识。

(10)隧道内严禁存放汽油、柴油、煤油、变压器油、雷管、炸药等易燃易爆物品。必须严格民用爆炸物品管理,严禁在施工现场违规运输、存放和使用民用爆炸物品。

(11)必须按照规定制订应急预案、配备救援装备和物资,按规定进行应急演练;严禁事故发生后违章指挥、冒险施救。

4.2 安全要点

(1)隧道爆破施工应符合现行《爆破安全规程》(GB 6722)的要求。

(2)开挖人员到达工作地点时,应首先检查工作面是否处于安全状态,如有松动的石、土块或裂缝应先予以清除或支护。

(3)爆破后应按先机械后人工的顺序进行查验,确认安全后方可进行下道工序。

(4)Ⅱ级及以上等级的围岩开挖后的拱顶和边墙部位应及时进行初喷封闭,喷射混凝土厚度不宜小于3cm,并防止掉块、开裂、渗水、变形。

(5)台阶法开挖时,台阶长度不宜超过隧道开挖宽度的1.5倍,台阶不宜多分层,上台阶开挖高度不得超过隧道净高的2/3;当设有型钢拱架或钢格栅时,台阶两侧马口错开距离不小于2m,上部断面及下部断面一次开挖长度应相同,一次开挖长度不应超过1.5m,且须在4h内接顺钢架并落底稳固。

(6)支护前应清除爆破后危石,喷锚支护的工作平台应牢固可靠,喷射手应佩戴必要的防护用品。喷射施工时喷嘴前端严禁站人,锚杆(管)注浆作业时应安装压力表,杜绝压力超限,注浆管接头要牢固,防止爆管伤人。

(7)在软弱、破碎的围岩地段,仰拱应随开挖及时施作,尽快使初期支护形成封闭环,及时施作二次衬砌;二次衬砌距掌子面的距离Ⅳ级围岩不得大于90m,Ⅴ级围岩不得大于70m;其他地段,待初期支护位移和变形稳定后施工二次衬砌。

(8)仰拱与掌子面的距离,Ⅰ级围岩段不得超过90m,Ⅳ级围岩段不得超过50m,Ⅴ级围岩段不得超过40m。

4.3 隧道门禁系统指南

(1)人员定位系统:每位进洞人员通过携带定位卡,可以定位到每位进洞人员所处的具体位置;并且在值班室外的LED显示屏上显示进洞人员的姓名、工种、进洞时间等信息,以便值班人员对进洞人员的监控;同时定位卡上还装有急救按键,在发生突发情况时,可以通过定位卡发出的信号进行准确施救。隧道值班室标准化建设如图4-1所示,隧道洞内人员精确定位及考勤显示如图4-2所示。

图4-1 隧道值班室标准化建设

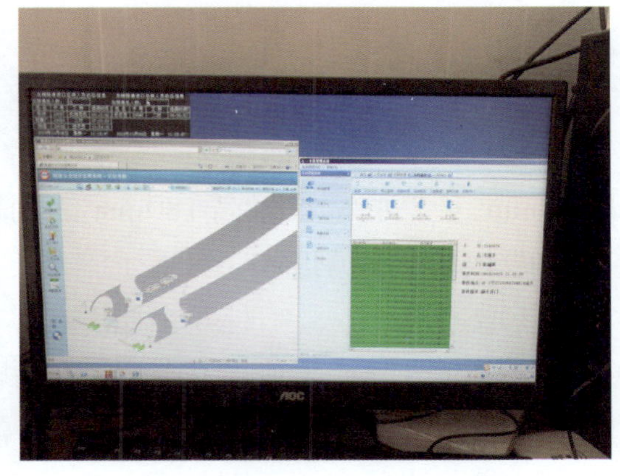
图4-2 隧道洞内人员精确定位及考勤显示

(2)视频监控系统:在隧道洞内、外安装摄像头,可在值班室看见隧道洞口、二次衬砌、仰拱、掌子面的工作情况,进行实时监控。洞内、洞外安装360°可旋转无死角摄像头如图4-3和图4-4所示,隧道内外实时监控如图4-5所示。

图 4-3　洞内安装 360°可旋转无死角摄像头

图 4-4　洞外安装 360°可旋转无死角摄像头

图 4-5　隧道内外实时监控

4.4　台车临边防护指南

(1)初期支护台车

①初期支护台车操作平台边框采用 8 号槽钢,平台底部采用 $\phi16$ 螺纹钢焊接成钢筋网。

②洞口侧平台设置高 1 200mm 护栏,掌子面侧不设置护栏。防护栏采用 DN32 钢管焊接制作为拔插式,通过钢管底座与平台相连。护栏立柱根据平台长度均分,且间距≤1 000mm,护栏底部设置高 180mm 的钢板作为踢脚板。

③为便于作业人员进入一架平台作业,一架平台需设置延长 800mm、宽度根据台车实际而定的新增通道。

④防护栏、爬梯、扶手刷黄色油漆,表面贴红白相间反光贴,踢脚板刷黄色油漆,表面粘贴黄黑相间反光贴。开挖、初期支护台车(洞口侧)操作平台及防护栏示意图如图 4-6 所示,开挖、初期支护台车侧面图如图 4-7 所示,平台底部钢筋网示意图如图 4-8 所示。

(2)开挖台车爬梯及扶手

①开挖、初期支护台车爬梯及扶手设置于洞口侧,由梯梁、踏板、扶手、立柱及踢脚板组成。梯梁、踏板及爬梯横向支撑均采用 8 号槽钢焊接加工。

②爬梯宽度均为 600mm,踏步间距 300mm,地面与爬梯下边缘距离为 500mm。

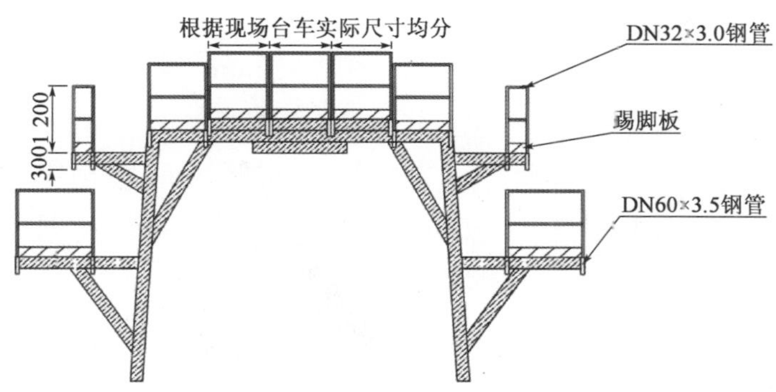

图 4-6 开挖、初期支护台车(洞口侧)操作平台及防护栏示意图(尺寸单位:mm)

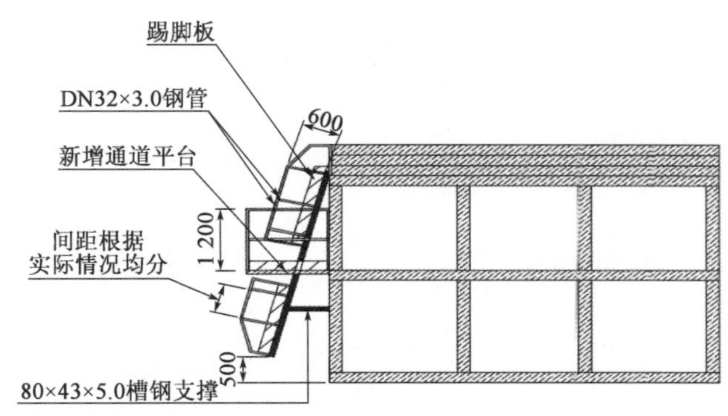

图 4-7 开挖、初期支护台车侧面图(尺寸单位:mm)

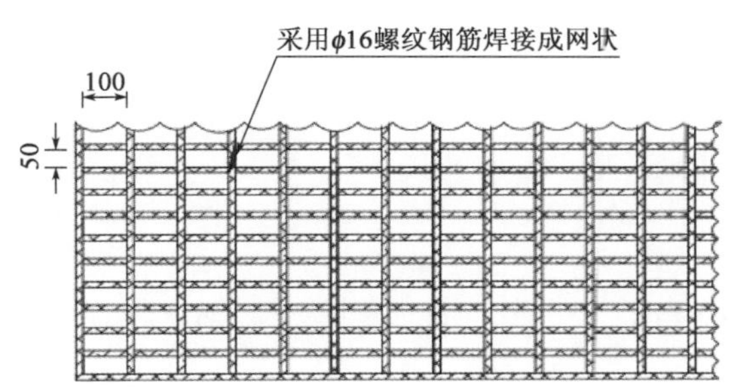

图 4-8 平台底部钢筋网示意图(尺寸单位:mm)

③爬梯倾斜角度为 30°~75°,长度根据现场台车实际情况确定。

④爬梯两侧均采用 DN32 钢管焊接制作扶手。扶手高度 600mm,立柱间距根据梯梁长度均分且间距≤600mm。扶手下边缘设置高 180mm 的钢板作为踢脚板。

开挖、初期支护台车(洞口侧)爬梯正面图如图 4-9 所示。

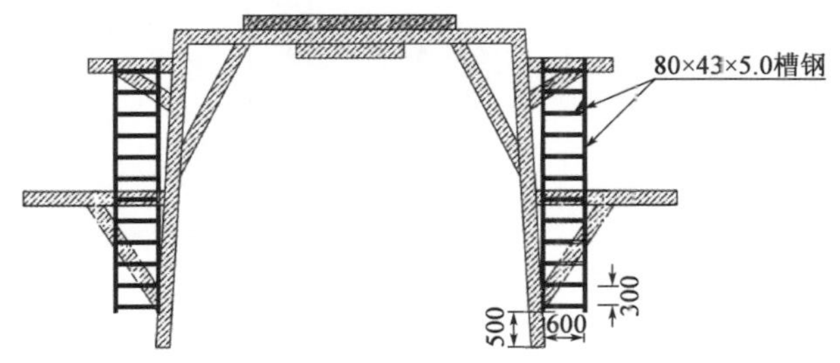

图 4-9 开挖、初期支护台车(洞口侧)爬梯正面图(尺寸单位:mm)

(3)防水板台车

①操作平台边框采用8号槽钢,平台底部采用 ϕ16mm 螺纹钢焊接成钢筋网,面层满铺厚2.5mm防滑钢板。

②防护栏采用DN32钢管焊接制作为拔插式,通过钢管底座与平台相连。台车顶架平台护栏高800mm,其余平台护栏高1 200mm。护栏立柱间距根据平台长度均分,且间距≤1 000mm,护栏底部设置高180mm钢板作为踢脚板。

③防护栏刷黄色油漆,表面贴红白相间反光贴,踢脚板刷黄色油漆,表面粘贴黄黑相间反光贴。

防水板台车(洞口侧)操作平台及平台防护栏示意图如图4-10所示,防水板台车(掌子面侧)操纵平台防护栏示意图如图4-11所示,防滑钢板安装示意图如图4-12所示,操纵平台防护栏大样图如图4-13所示,平台防护栏反光贴示意图如图4-14所示,防水板台车平台设施安装效果图如图4-15所示。

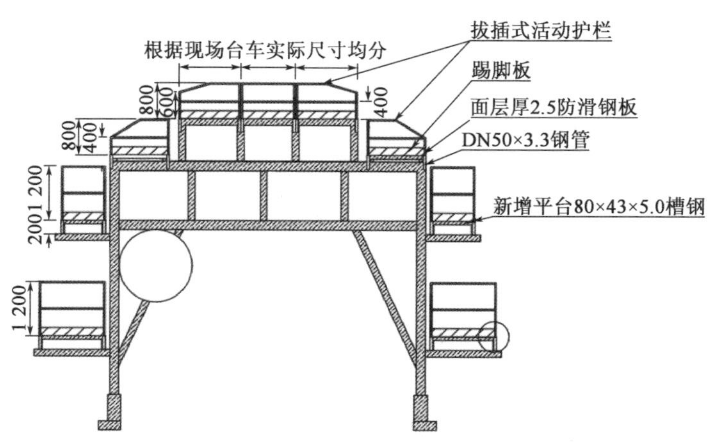

图4-10 防水板台车(洞口侧)操作平台及平台防护栏示意图(尺寸单位:mm)

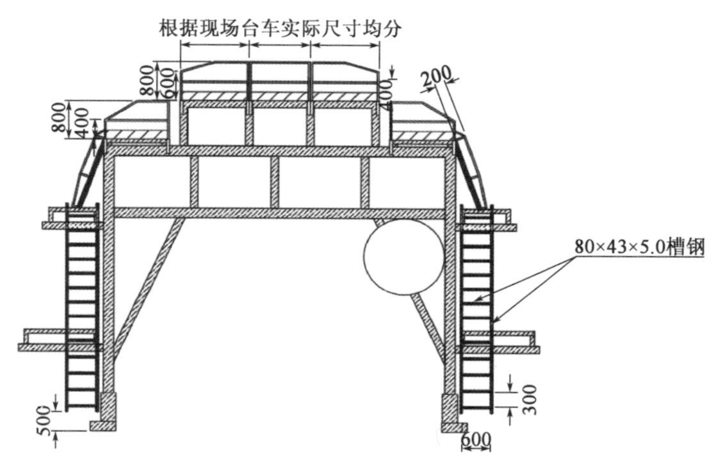

图4-11 防水板台车(掌子面侧)操作平台及平台防护栏示意图(尺寸单位:mm)

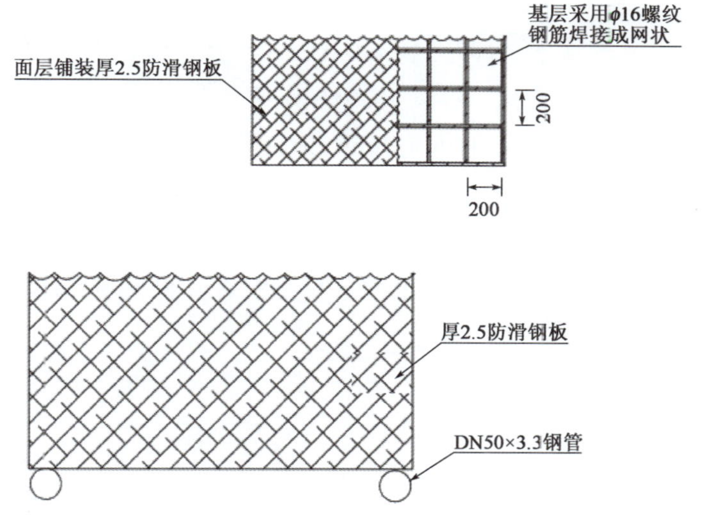

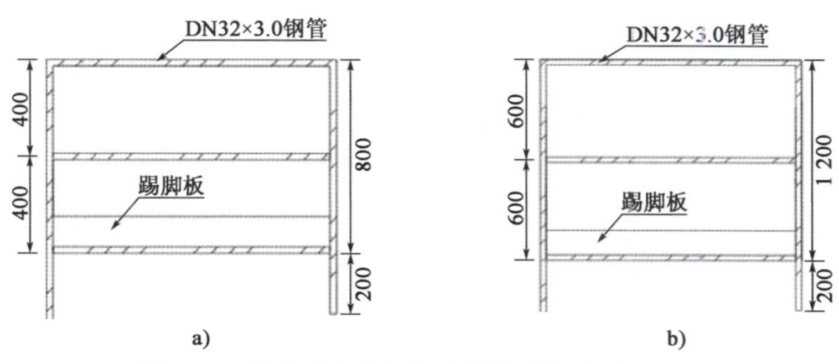

图4-12　防滑钢板安装示意图(尺寸单位:mm)

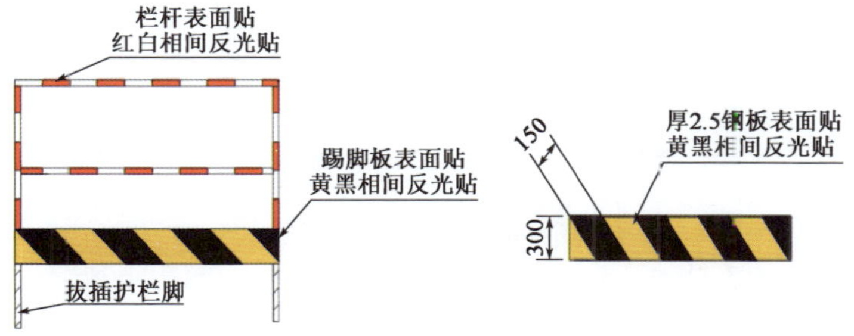

图4-13　操作平台防护栏大样图(尺寸单位:mm)

栏杆表面贴
红白相间反光贴

踢脚板表面贴
黄黑相间反光贴

拔插护栏脚

150

厚2.5钢板表面贴
黄黑相间反光贴

300

图4-14　平台防护栏反光贴示意图(尺寸单位:mm)

图4-15　防水板台车平台设施安装效果图

(4)防水板台车平台爬梯及扶手

①防水板台车爬梯设置于掌子面一侧的两边,采用分段的形式布置。爬梯由梯梁、踏板、扶手、立柱及踢脚板组成。梯梁、踏板及爬梯横向支撑采用8号槽钢焊接加工。

②爬梯宽度均为600mm,踏步间距300mm,地面与第一级踏步距离为500mm。

③爬梯倾斜角度为30°~75°,长度根据现场台车实际情况确定。

④爬梯两侧均采用DN32钢管焊接制作扶手。扶手高度600mm(为便于施工,上顶架的扶手高度设置为200mm),立柱间距根据梯梁长度均分且间距≤600mm。扶手下边缘设置高180mm的钢板作为踢脚板。

⑤爬梯、扶手刷黄色油漆,表面贴红白相间反光贴,踢脚板刷黄色油漆,表面粘贴黄黑相间反光贴。

防水板台车爬梯侧面示意图如图4-16所示,爬梯踏板、反光膜张贴示意图如图4-17所示。

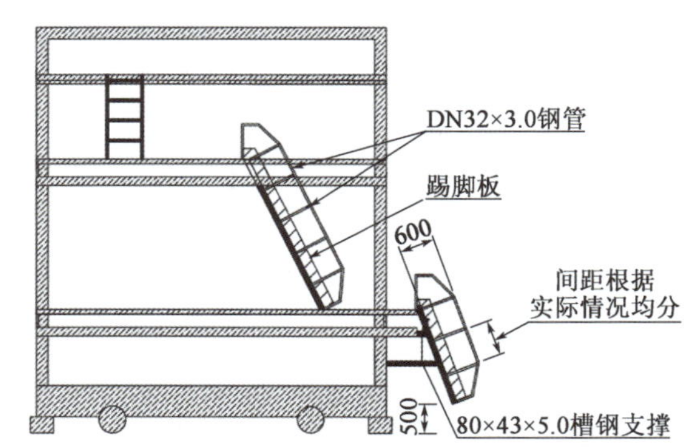

图4-16 防水板台车爬梯侧面示意图(尺寸单位:mm)

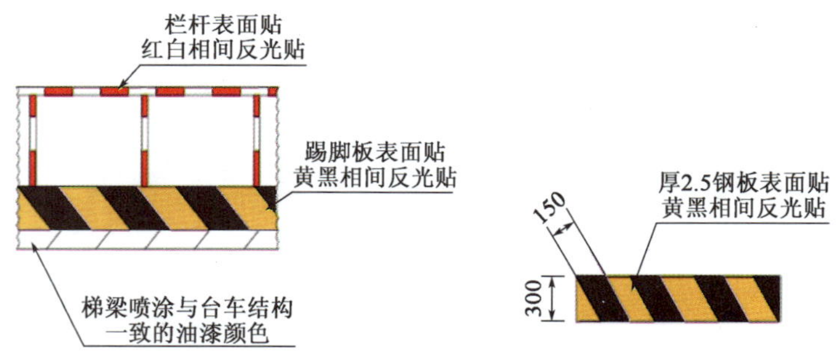

图4-17 爬梯踏板、反光膜张贴示意图(尺寸单位:mm)

(5)二次衬砌台车操作平台及防护栏

①二次衬砌台车操作平台框架采用8号槽钢,平台底部采用ϕ16mm螺纹钢焊接成钢筋网,并在钢筋网上满铺防滑钢板。为便于施工,根据实际需要在台车内部平台设置400mm×400mm开口作为混凝土卸料口,并在卸料口上方设置合页式的活动钢盖板。

②防护栏均采用钢管焊接加工,栏杆高1 200mm,立柱间距根据各台车平台尺寸进行均分且间距≤1 000mm,顶层平台防护栏立杆、顶上横杆采用DN60钢管,中间横杆采用DN32钢管居中设置,其余平台防护栏均采用DN32钢管。护栏底部设置高180mm的钢板作为踢

脚板。

③防护栏、爬梯、扶手刷黄色油漆,表面贴红白相间反光贴,踢脚板刷黄色油漆,表面粘贴黄黑相间反光贴。

二次衬砌台车操作平台及防护栏示意图如图 4-18 所示,护栏反光张贴及平台铺装示意图如图 4-19 所示,二次衬砌台车平台及防护栏、爬梯及扶手安装效果图如图 4-20 所示。

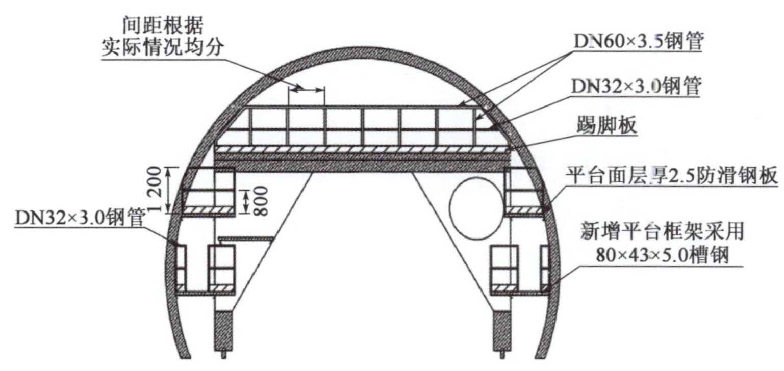

图 4-18　二次衬砌台车操作平台及防护栏示意图(尺寸单位:mm)

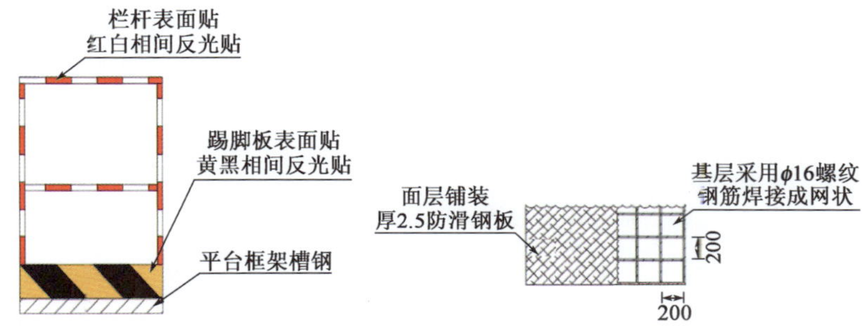

图 4-19　护栏反光张贴及平台铺装示意图(尺寸单位:mm)

图 4-20　二次衬砌台车平台及防护栏、爬梯及扶手安装效果图

(6)二次衬砌台车爬梯及扶手

①二次衬砌台车爬梯及扶手由梯梁、踏板、扶手、立柱及踢脚板组成。

②踏板采用 8 号槽钢或宽 160mm、厚 2.5mm 防滑钢板。当采用 8 号槽钢做踏板时梯梁用 8 号槽钢;当采用 160mm 宽防滑钢板做踏板时梯梁用 16 号槽钢。

③爬梯宽度 600mm,踏步间距 300mm,地面与第一级踏步距离为 500mm。

④爬梯倾斜角度为30°~75°,长度根据台车实际情况确定。

⑤爬梯两侧均采用DN32钢管焊接制作扶手,扶手高600mm,立柱间距根据扶手长度均分,且间距≤600mm。

⑥梯梁上设置高180mm的钢板作为踢脚板。

⑦根据台车实际有两种安装方式:①需增加操作平台,爬梯另一侧顶架下二架的扶手高度为200mm;②不需增加操作平台。

需增加操作平台的爬梯及扶手正面图如图4-21所示,不需增加操作平台时爬梯及扶手正面示意图如图4-22所示,爬梯及扶手安装示意图如图4-23所示,二次衬砌台车平台及防护栏、爬梯及扶手安装效果图如图4-24所示。

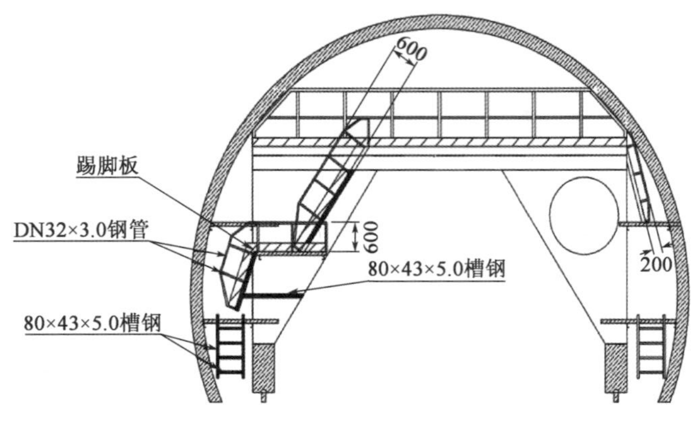

图4-21 需增加操作平台的爬梯及扶手正面图(尺寸单位:mm)

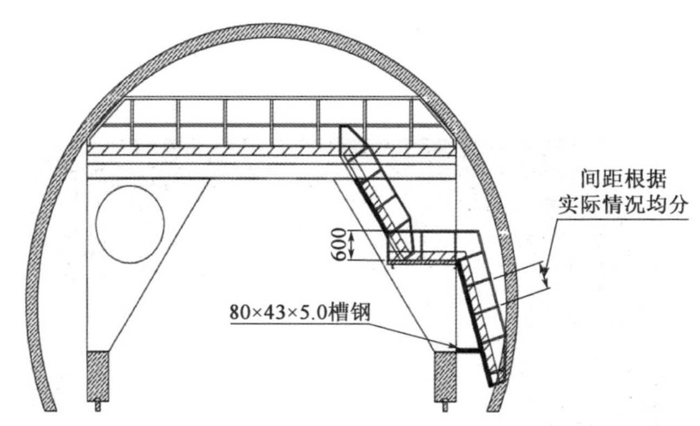

图4-22 不需增加操作平台时爬梯及扶手正面示意图(尺寸单位:mm)

(7)电缆沟施工台车

①电缆沟台车横梁采用工字钢+6mm钢板加强,端头立柱采用尺寸为250mm×250mm×10mm的方钢,斜拉部分采用直径50mm的钢管。

②电缆沟台车两边斜撑位置安装彩条灯带,使台车更加美观,横梁处采用刷红白反光油漆起到较好的反光效果。

电缆沟台车正面示意图如图4-25所示,电缆沟台车侧面示意图如图4-26所示,电缆沟台车安装效果图如图4-27所示。

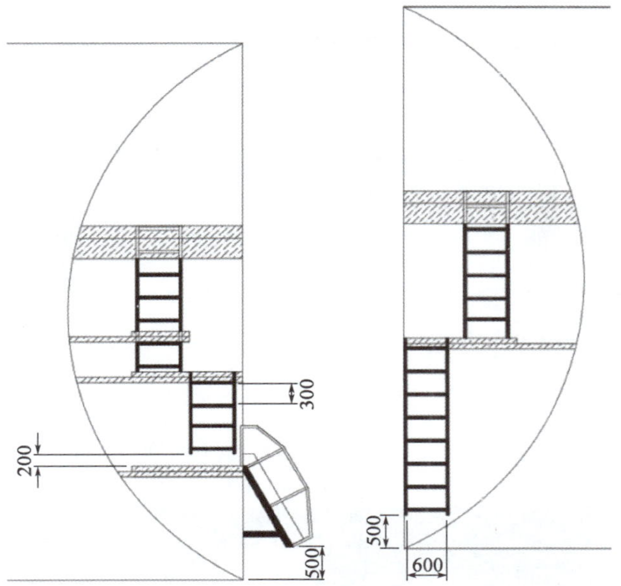

图4-23 爬梯及扶手安装示意图(尺寸单位:mm)

图4-24 二次衬砌台车平台及防护栏、爬梯及扶手安装效果图

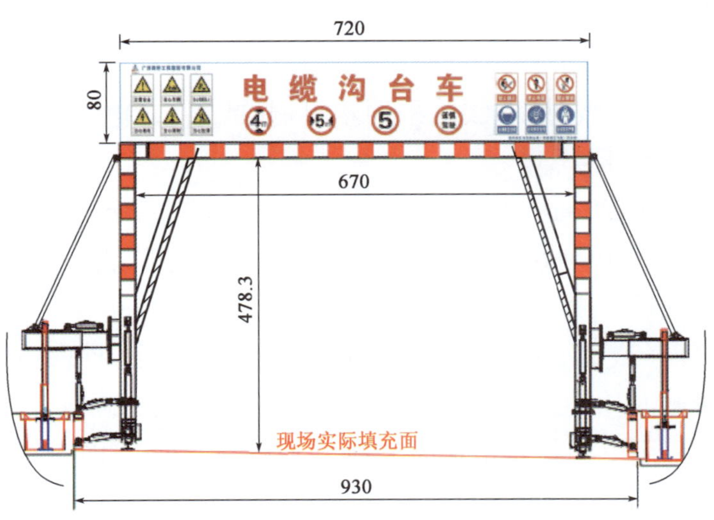

图4-25 电缆沟台车正面示意图(尺寸单位:mm)

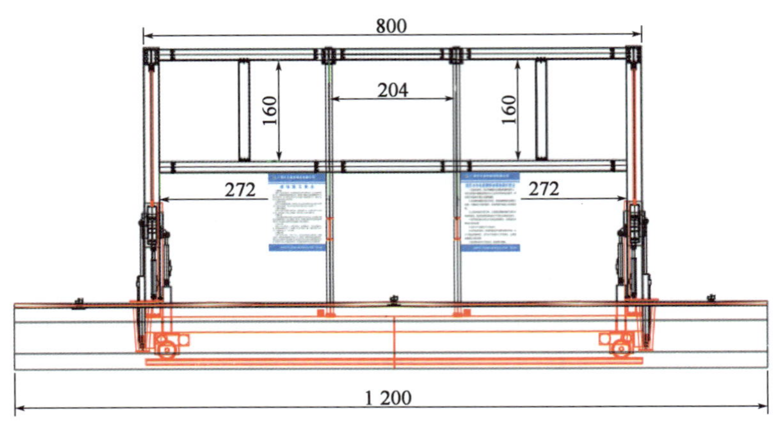

图4-26　电缆沟台车侧面示意图(尺寸单位:mm)

图4-27　电缆沟台车安装效果图

4.5　洞内管线布设指南

(1)洞内管线路的布置应根据隧道洞口现场地形条件综合考虑,在确定风机的安装位置后,布置洞内的管线路。

(2)动力线路采用电缆线,照明线路采用塑料铜(或铝)芯电线进行布设。

①电缆大小及设置要求:

a. 动力电源采用 $3\times120\text{mm}^2+2\times70\text{mm}^2$ 铜芯五芯电缆(或 $3\times240\text{mm}^2+2\times120\text{mm}^2$ 铝芯五芯电缆),五芯电缆必须包含蓝、黄/绿两种颜色绝缘芯线。淡蓝色芯线必须用作N线;黄/绿双色芯线必须用作PE线,严禁混用。

b. 照明采用塑料铜(或铝)芯线,电线截面根据隧道所需照明总功率合理选择(单相线路的零线截面与相线截面相同,PE线截面不小于相线截面的50%)。

c. 架空线路统一采用电缆挂钩沿墙垂直排列挂设,悬挂点的距离不应超过3m。下方边线到基层调平层距离2.8m线间距80mm。

d. 架空线路相序排列:动力电缆、照明相线L-黄、照明零线N-淡蓝、照明PE线-黄/绿双色由上至下排列。

e. 从洞口开始每隔 60m 要设置两线标识牌。标识牌字母、字母颜色要与相线、零线、PE 线对应。

隧道管线布置示意图如图 4-28 所示，挂接式电缆挂钩如图 4-29 所示，成洞段电源线布设示意图如图 4-30 所示，电源线标识牌示意图如图 4-31 所示，电源线布设效果图如图 4-32 所示。

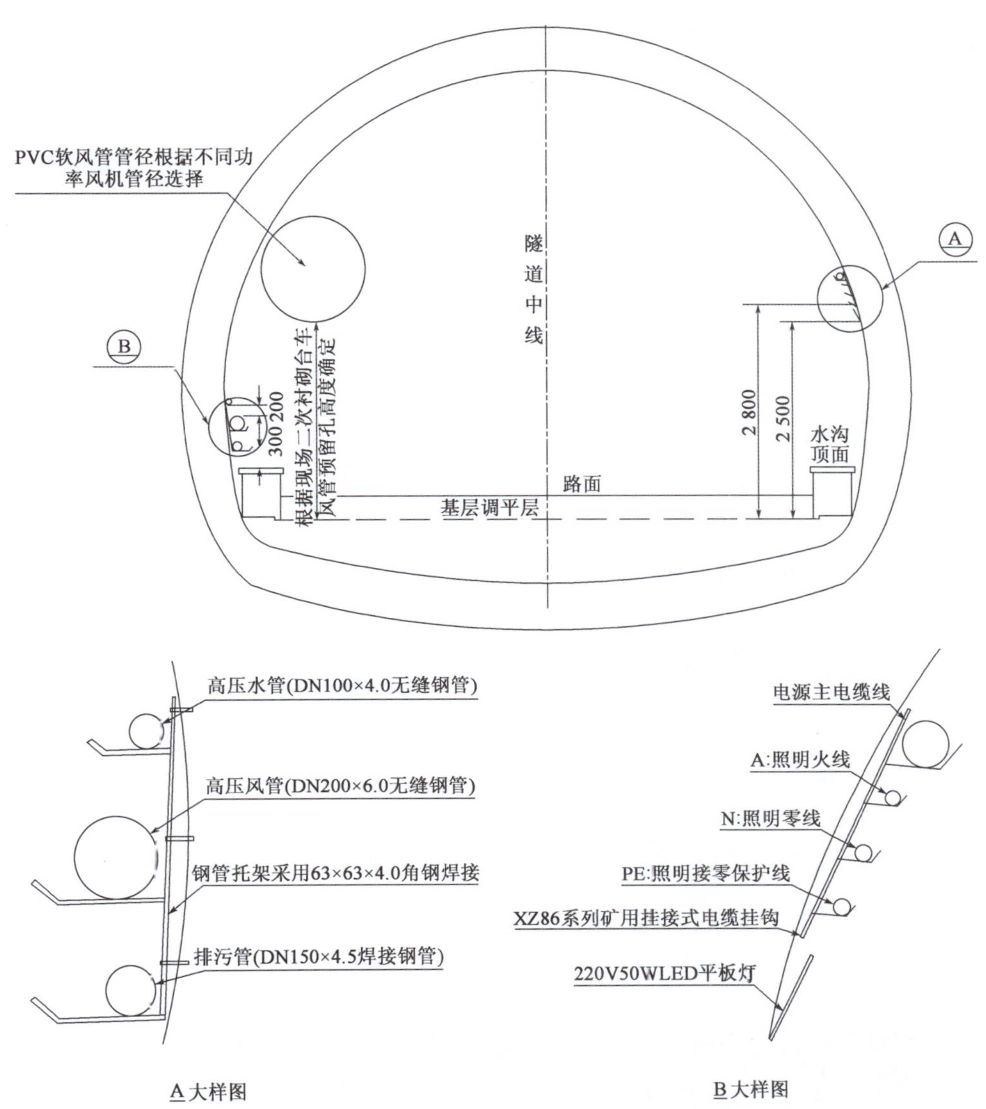

图 4-28 隧道管线布置示意图(尺寸单位:mm)

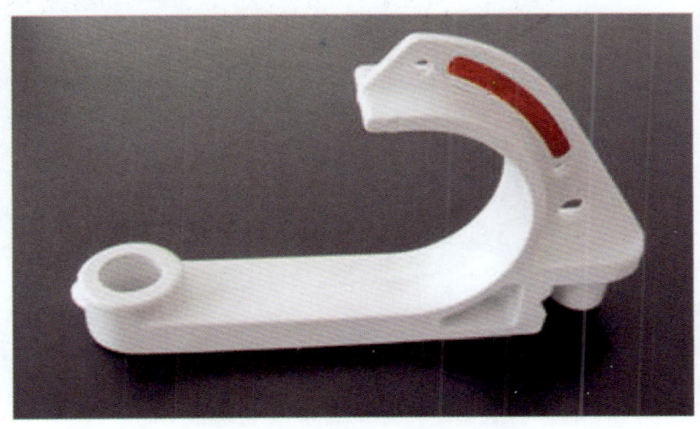

图 4-29 挂接式电缆挂钩

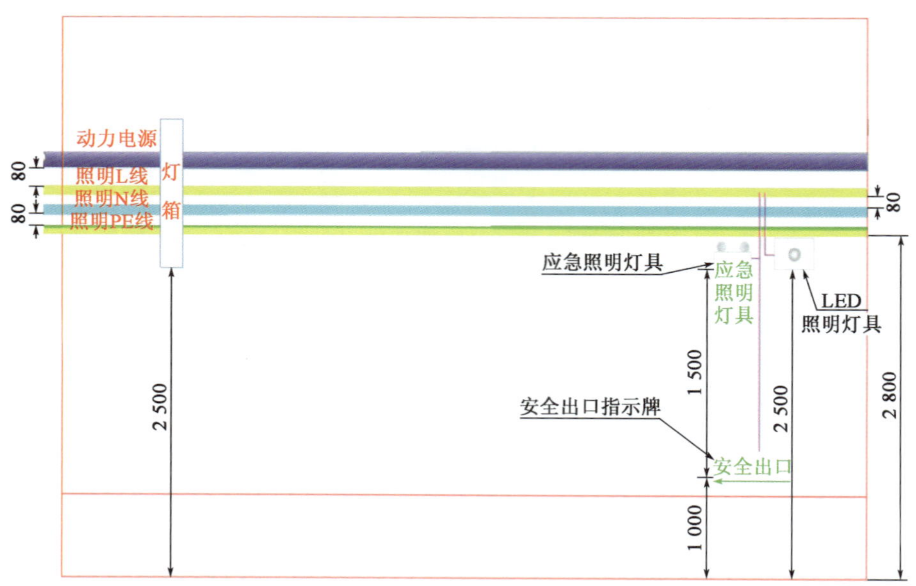

图 4-30　成洞段电源线布设示意图(尺寸单位:mm)

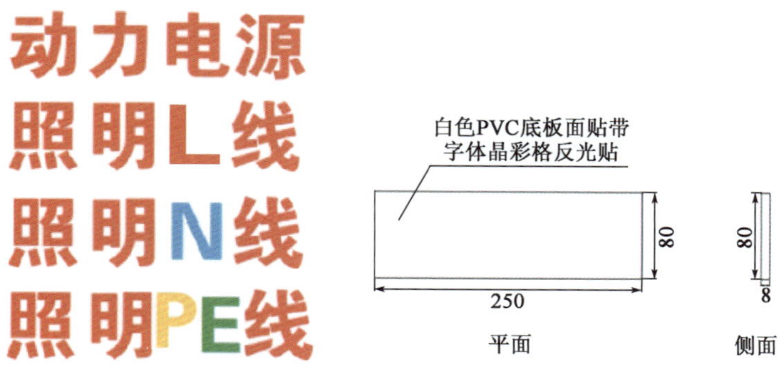

图 4-31　电源线标识牌示意图(尺寸单位:mm)

图 4-32　电源线布设效果图

②通风机制作要求：

a. 通风管设置于电力线路对侧。通风机安装于洞外距洞口不小于30m的专用台架上，并在距洞口15m位置处设置风管托架。

b. 通风机台架采用工字形钢焊接加工，安装在0.3m高的混凝土基座上。混凝土基座侧面涂刷黄黑相间(间距15mm)反光油漆进行警示，台架外侧悬挂操作规程、安全标语等标识牌。

c. 风管托架采用DN50镀锌钢管焊接加工。托架涂刷红白相间(间距15mm)反光油漆进行警示。

d. 反光油漆颜色参照《工业国际标准色卡》。黄色RAL1023(交通黄)、黑色RAL9017(交通黑)、红色RAL3020(交通红)、白色RAL9016(交通白)。

③风、水管制作要求：

a. PVC软风管长度不低于20m/节，管间连接完好。沿成洞段边墙上每隔10m打眼，安装锚杆，然后布置8号钢丝绳，用紧线器张紧，风管吊挂在拉线下，每个悬挂环距离500mm，要求逢环必挂。挂设风管要稳固、平、顺、直。

b. 高压水管、风管及排污管均安装在通风管一侧。管道沿成洞段边墙上，用钢管托架按高压水管、风管、排污管的顺序由上至下分层架设。每个钢管托架用3颗M12×125mm膨胀螺栓固定，钢管托架间距6m。钢管托架的安装高度为托架底距离水沟、电缆槽顶面300mm。

c. 钢管托架采用角钢焊接加工，托架表面涂刷红白相间(间距15mm)反光油漆进行警示。

d. 在进洞50m范围管道涂刷红白相间(间距50mm)反光油漆进行警示，并在每隔50m位置设置三管标识牌。

隧道洞口通风机、PVC风管布置示意图如图4-33所示，风机台架、基座尺寸及反光膜示意图如图4-34所示，风管托架示意图如图4-35所示，洞口通风机效果图如图4-36所示，高压风、水管标识示意图如图4-37所示，高压风管布设效果图如图4-38所示。

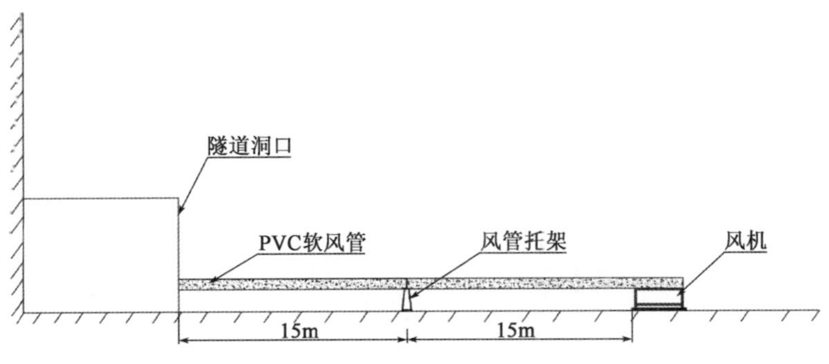

图4-33 隧道洞口通风机、PVC风管布置示意图

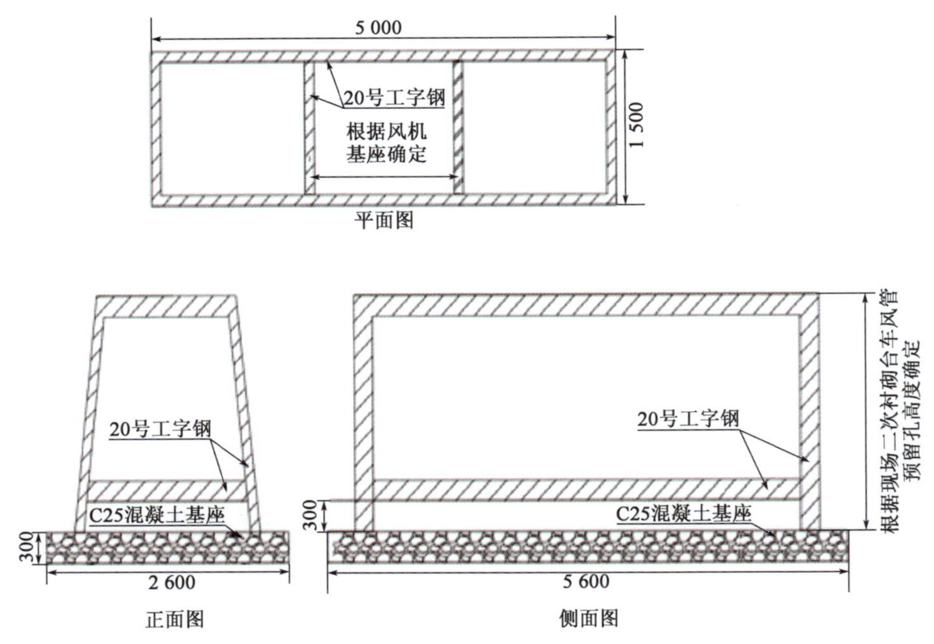

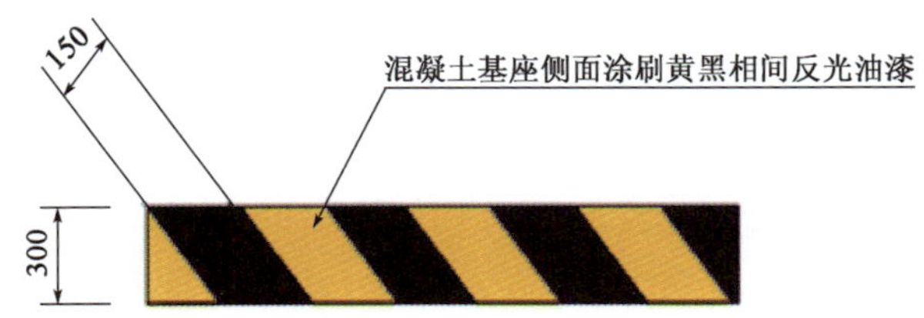

图4-34　风机台架、基座尺寸及反光膜示意图(尺寸单位:mm)

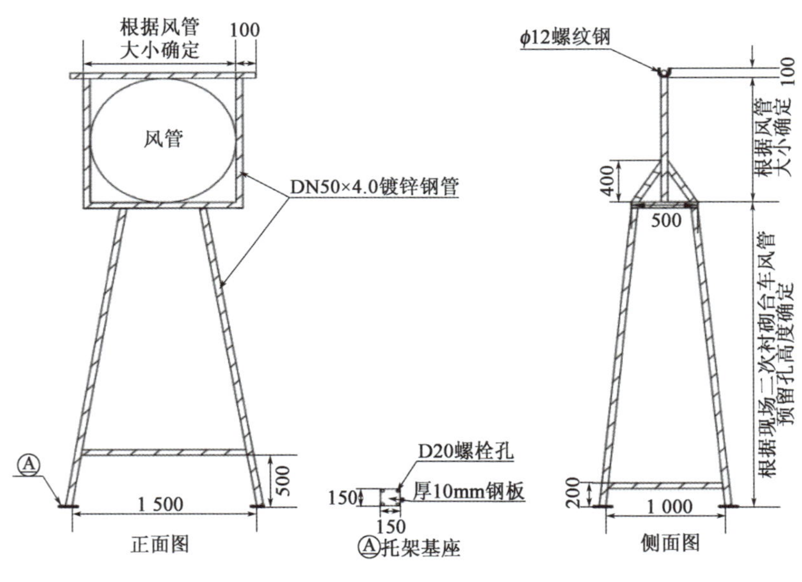

图4-35　风管托架示意图(尺寸单位:mm)

图4-36 洞口通风机效果图

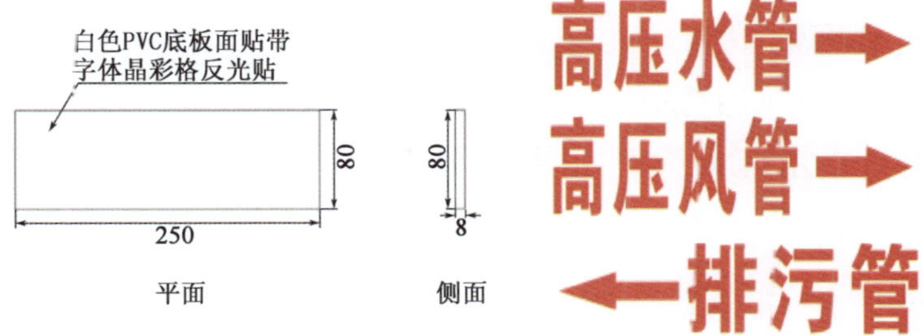

图4-37 高压风、水管标识示意图(尺寸单位:mm)

图4-38 高压风管布设效果图

4.6 隧道洞内照明及应急系统指南

(1)企业文化宣传LED灯箱规格为80cm×55cm×14cm、内部采用LED灯管,灯管瓦数为50W,灯箱边框采用8cm宽铝型材制作,面板采用亚克力板制作。

(2)企业文化宣传面板采用透明膜,白底红字。照明灯采用防眩目不低于50W的LED灯,同时满足安装牢固需要,照明灯采用方形LED投光灯。

(3)应急照明和应急逃生指示系统采用的蓄电池组,应符合国家产品技术标准的规定;其初装容量不应小于90min。

(4)隧道洞内灯箱系统设置要求:

①隧道洞内灯箱分三个路段不同要求设置,第一部分为洞口段;第二部分为隧道中间段;第三部分为靠近二次衬砌施工段。

②企业文化宣传LED灯箱采用5个灯箱循环布置,第五个灯箱设置限速标志。洞口段第一个灯箱设置内容为“明暗交界处”,其他灯箱标语设置内容可采用“珍爱生命 从我做

起”“品质路桥　通达致远”“生产再忙　安全不忘”“安全生产　重在预防”。第五个灯箱内容为限速15kM标识及施工桩号。隧道中间段灯箱依次顺序为“珍爱生命　从我做起”“品质路桥　通达致远”“安全生产　重在预防”“生产再忙　安全不忘”,第五个灯箱采用限速15kM标识及施工桩号。靠近二次衬砌保养台车段灯箱设置内容为“高处作业　当心落物”“安全用电　严禁违章”“施工路段　注意安全”(也可根据实际情况进行调整)。

(5)隧道洞内照明系统安装拆除要求:

①照明系统安装拆除作业由专业电工完成,安装、拆除或进行更换时,关闭电源开关,悬挂“正在检修、禁止合闸”警示标志,并设专人看护。

②电线接头应绝缘良好,灯箱及照明灯安装牢固,灯箱与二次衬砌混凝土面垂直,纵、横向偏差小于20mm,高度偏差小于10mm。

隧道企业文化宣传灯箱示意图如图4-39所示,隧道灯箱限速示意图如图4-40所示,隧道应急照明及安全出口指示灯示意图如图4-41所示,洞口段照明系统图如图4-42所示,洞内段照明系统图如图4-43所示,洞内照明系统平面图如图4-44所示,未成洞段照明系统平面图如图4-45所示。

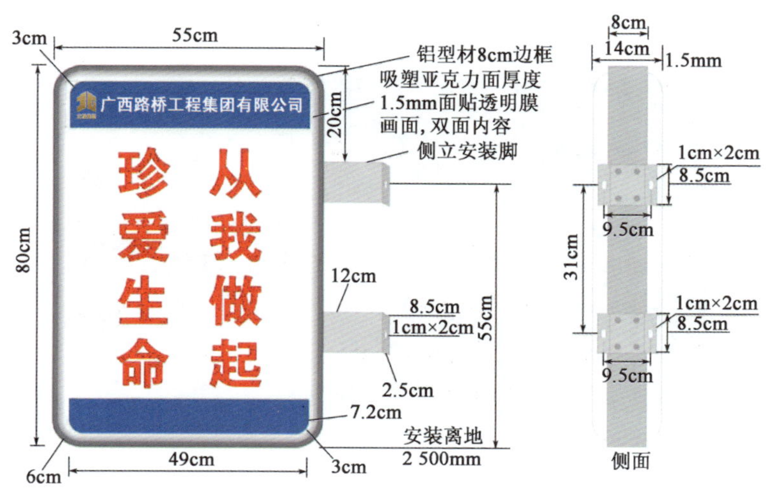

图4-39　隧道企业文化宣传灯箱示意图

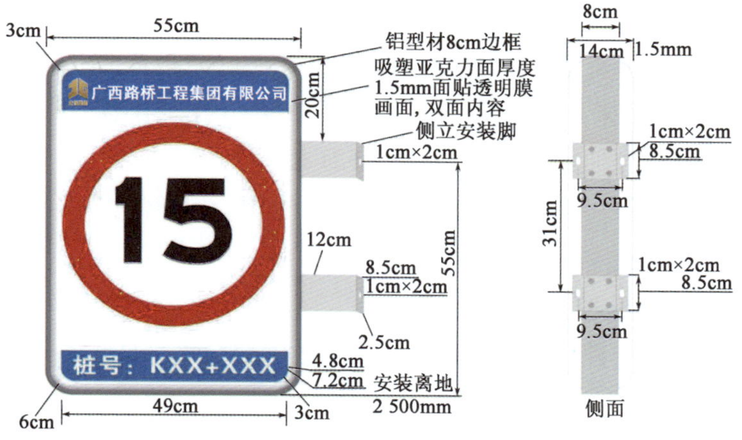

图4-40　隧道灯箱限速示意图

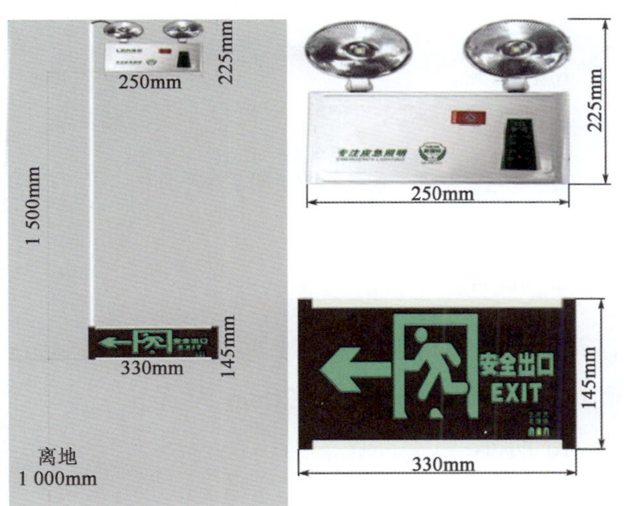

图4-41 隧道应急照明及安全出口指示灯示意图

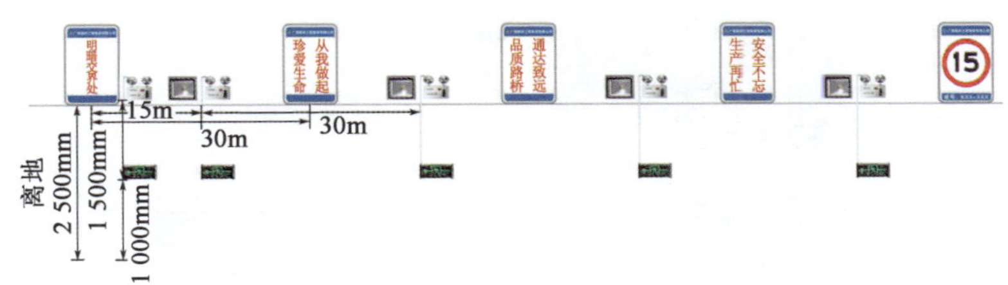

图4-42 洞口段照明系统图

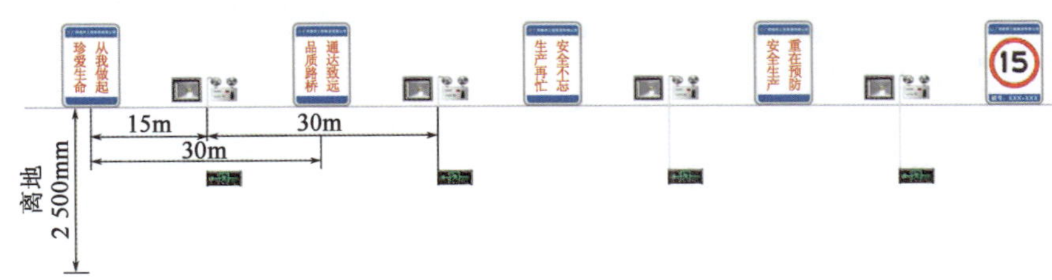

图4-43 洞内段照明系统图

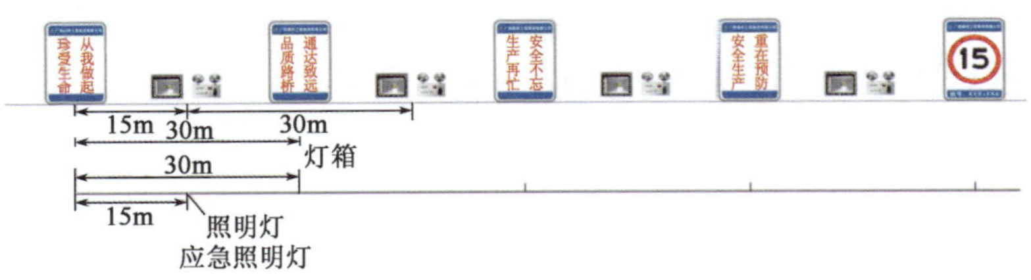

图4-44 洞内照明系统平面图

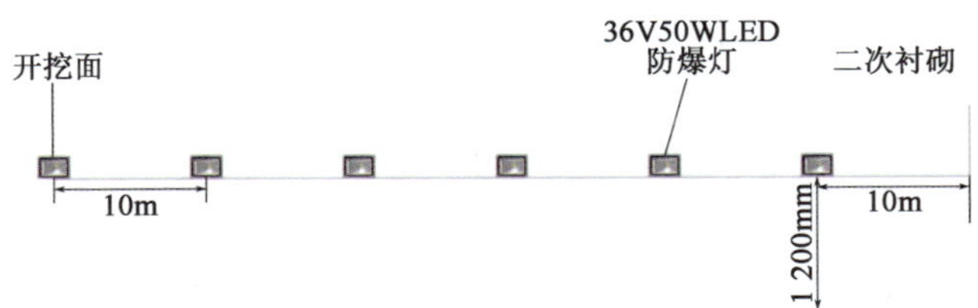

图 4-45　未成洞段照明系统平面图

4.7　隧道防尘降尘指南

(1)炮雾机分为全自动和半自动、手动款,喷雾长度为 30m、40m、60m。

(2)炮雾机和箱体侧边,以箱体总长度为 120cm 为宜。

炮雾机效果图如图 4-46 所示。

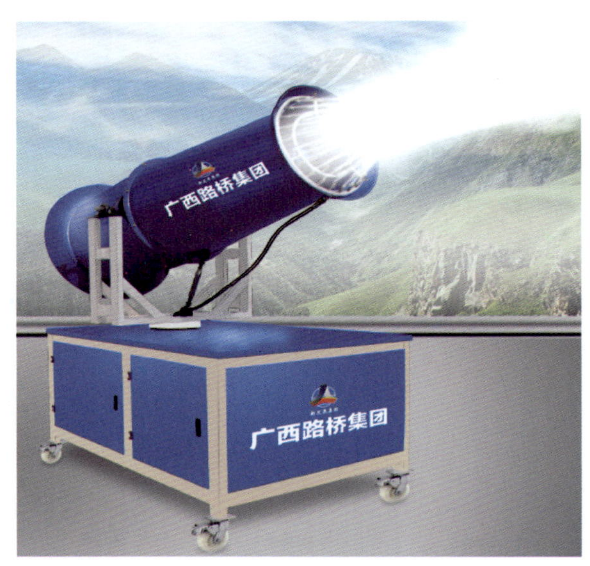

图 4-46　炮雾机效果图

4.8　隧道应急管理指南

(1)逃生管道

逃生管道距离掌子面不大于 20m,距二次衬砌端头距离不大于 5m,同时在掌子面区域设置逃生屋,逃生管道、逃生屋的刚度、强度及抗冲击能力应符合安全要求,逃生通道内径不小于 80cm。隧道逃生通道位置示意图如图 4-47 所示。

(2)洞内逃生屋

逃生通道靠近掌子面开挖端与逃生屋连接,逃生屋内放置应急食物箱和救护箱,应急食物箱存放满足 10 人左右一天所需的方便面、饼干、矿泉水、八宝粥等食物;救护箱内备包扎纱布、消毒药水、常见外伤用药等。逃生屋内的各类应急物资应定期检查,确保有效。隧道逃生屋结构示意图如图 4-48 所示,隧道逃生屋实物图如图 4-49 所示。

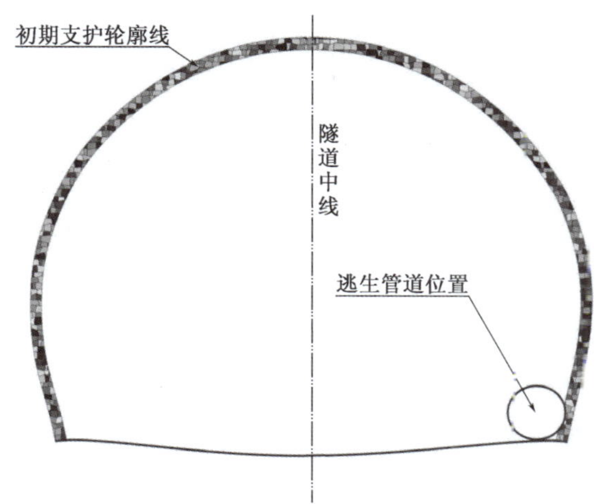

图4-47 隧道逃生通道位置示意图

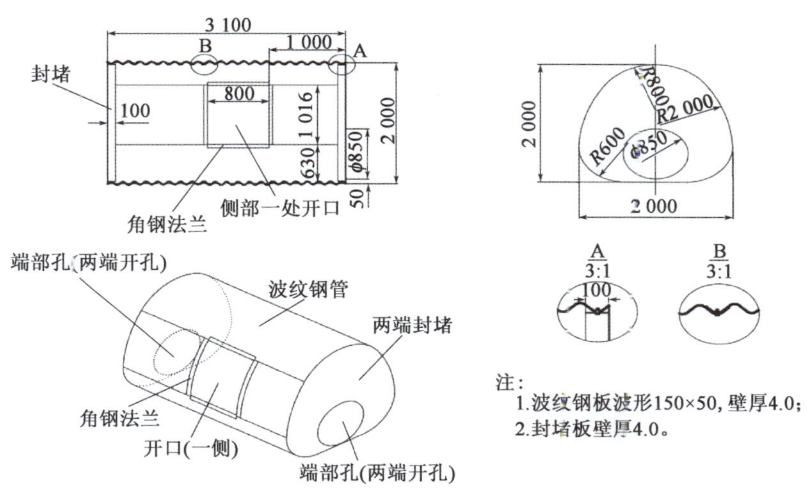

图4-48 隧道逃生屋结构示意图(尺寸单位:mm)

图4-49 隧道逃生屋实物图

第5章 临时用电

5.1 临时配电系统

施工现场临时用电采用三相五线制的 TN－S 接零保护系统，设有独立的保护零线和工作零线，电器设备的金属外壳必须与专用保护零线连接，防止供电系统保护零线和工作零线混接。临时配电系统示意图如图 5-1 所示。

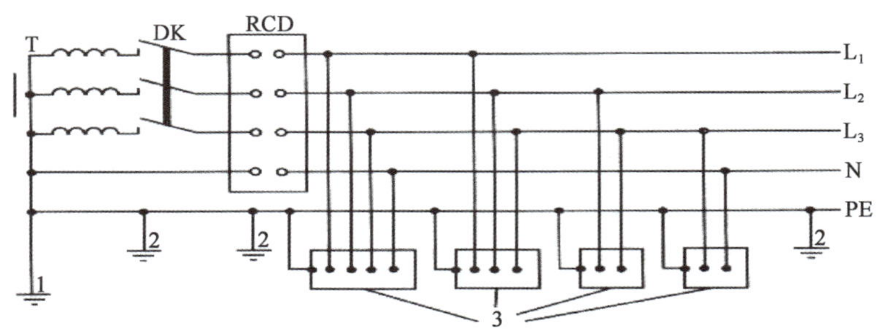

图 5-1 临时配电系统示意图

5.2 配电箱、开关箱

（1）配电箱、开关箱应采用冷轧钢板材料制作，钢板厚度应为 1.2～2.0mm，其中开关箱箱体钢板厚度不得小于 1.2mm，配电箱箱体钢板厚度不得小于 1.5mm，箱体表面应做防腐处理。配电箱、开关箱制作示意图如图 5-2 所示。

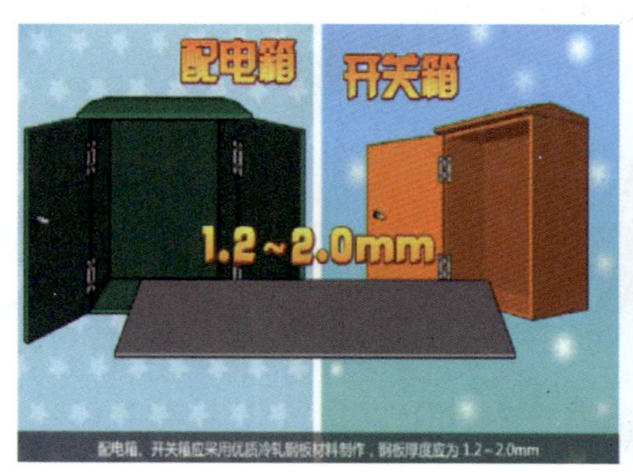

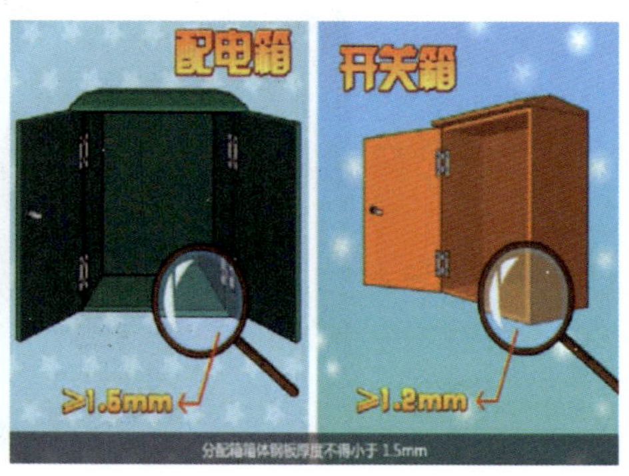

图 5-2 配电箱、开关箱制作示意图

（2）配电箱、开关箱应装设端正、牢固。固定式配电箱、开关箱的中心点与地面的垂直距离应为 1.4～1.6m；移动式配电箱、开关箱应装设在坚固、稳定的支架上，其中心点与地面的垂直距离宜为0.8～1.6m。移动式配电箱、开关箱的箱体支架顶面与地面的垂直距离为0.8m。

(3)配电箱电器安装板上必须设N线端子板,配电箱底部内侧设PE线端子板。N线端子板必须与金属电器安装板绝缘,PE线端子板必须与金属箱体做电气连接。

(4)配电箱、开关箱内的电器(含插座)应先安装在非木质阻燃绝缘电器安装板上,然后方可整体紧固在配电箱、开关箱箱体内。

(5)配电箱、开关箱内的连接线必须采用铜芯绝缘导线(线头应用接线耳或搪锡处理)。相线、N线、PE线的颜色标记必须符合以下规定:相线L1(A)、L2(B)、L3(C)对应的绝缘颜色依次为黄、绿、红色;N线的绝缘颜色为淡蓝色;PE线的绝缘颜色为绿/黄双色。任何情况下,上述颜色标记严禁混用和互相代用。

(6)配电箱、开关箱的金属箱体、金属电器安装板以及电器正常不带电的金属底座、外壳等必须通过PE线端子板与PE线做电气连接,金属箱门与金属箱体必须通过采用编织软铜线做电气连接。

(7)配电箱、开关箱的箱体尺寸应与箱内电器的数量和尺寸相适应,箱内电器安装板板面电器安装尺寸可按照表5-1确定。

配电箱、开关箱内电器安装尺寸选择值 表5-1

间 距 名 称	最小净距(mm)
并列电器(含单极熔断器)间	30
电器进、出线瓷管(塑胶管)孔与电器边沿间	15A,30 20～30A,50 60A及以上,80
上、下排电器进出线瓷管(塑胶管)孔间	25
电器进、出线瓷管(塑胶管)孔至板边	40
电器至板边	40

(8)分配电箱应设置分断时和具有可见分断点的总断路器及分路熔断式隔离开关和分路漏电断路器,动力和照明应分路配电。电源进线端严禁采用插头和插座做活动连接。

分配电箱效果图、动力开关箱效果图、焊机专用配电箱效果图、照明开关箱效果图、配电箱布设效果图如图5-3～图5-7所示。

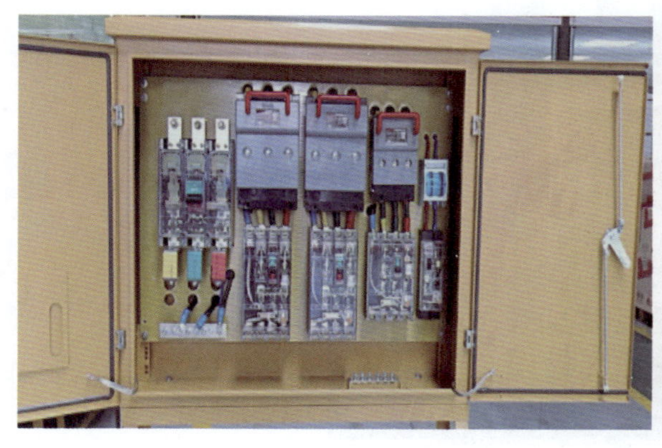

图5-3 分配电箱效果图

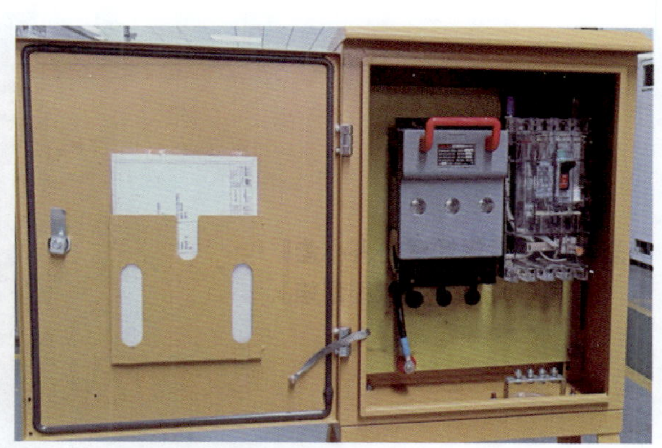

图5-4 动力开关箱效果图

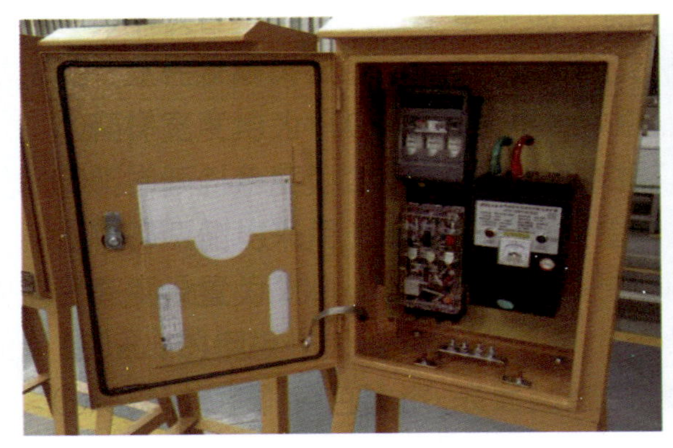

图 5-5　焊机专用配电箱效果图

图 5-6　照明开关箱效果图

图 5-7　配电箱布设效果图

5.3　变压器、发电机安全防护技术指导

施工现场变压器位置场地应平整,临边安全防护采用绝缘式护栏进行围挡,护栏高度为 1.8m,并安装相关安全警示标志和锁头。变压器安全标准化围挡如图 5-8 所示。

图 5-8　变压器安全标准化围挡

第6章 机 械 设 备

6.1 一般规定

(1)特种设备的安装、改造、拆除等工作须由具备相应资质的单位承担,其安装、改造、拆除、使用、定期检验等工作应符合《中华人民共和国特种设备安全法》中的相关规定。安装、拆除门式起重机、塔吊、架桥机等起重设备应编制安装拆除专项施工方案。

(2)特种设备应具有出厂合格证,安装完成之后应委托具有相应资质的检验检测机构进行检验,检验合格后,应取得检验检测合格证;还应向当地特种设备安全监督管理部门办理使用登记手续,取得使用登记证后方可投入使用。

(3)特种设备进场后,须建立设备管理档案,做到"一机一档";定期对特种设备进行检查、维修及保养,并做好维修保养记录。

(4)特种作业人员必须取得相应资格证书方可上岗。

(5)特种设备各种安全防护、保险限位装置与各种安全信息装置必须齐全有效。

(6)起重作业前,必须严格检查起重设备各部件的可靠性和安全性。当被吊物的重量达到起重设备额定起重能力的90%及以上时,应进行试吊。

(7)特种设备作业现场应设置设备出厂合格证、检验检测报告、使用登记证和人员操作证书公示牌,以及相关安全操作规程牌、机械设备标识牌等告示或安全警示标牌。

6.2 安全要点

(1)门式起重机首次使用前应进行试吊,并保留试吊记录。

(2)门式起重机在每班起重作业前应进行空载运转,确认各机构运转正常、制动可靠、限位开关灵敏后,方可操作。

(3)使用过程中重物提升或下降时应平稳匀速。

(4)起吊过程中突然出现设备故障,应立即采取措施将重物平稳放置在安全位置,随后立即关闭电源进行检修。运行过程中突然断电时,立即将所有控制器拨回零位,关闭总电源。

(5)门式起重机运行时要保持平行移动,若发现两侧移动不同步,立即停机调整,防止出轨。

(6)门式起重机大车电机建议竖向安装,防止碰撞。

(7)门式起重机处于非工作状态时应及时收回吊钩并靠端头停车,停止使用时锁紧夹轨器,临时停止时应用垫木固定,并将控制器拨到零位,切断电源,并做好检查记录。

(8)门式起重机轨道纵坡应尽量保持水平,基础应满足轨道承载力要求。

(9)室外门式起重机桁架梁上不宜安装宣传标识标牌,避免增大阻风面积。塔式起重机基础须满足塔式起重机使用说明书中关于承载力的要求,并结合塔式起重机最不利承载条件进行相应验算。

(10)相邻两台塔式起重机之间任何部位(包括起吊重物)的空间距离都不得小于2m。

(11)每天施工作业前,操作人员应对塔式起重机安全装置进行检查,保证各项装置灵敏有效,发现问题应立即进行维修保养,并保留检查、维修保养记录。

(12)塔身顶升接高到塔式起重机规定锚固间距时,应及时增设与建筑物的锚固装置。塔身高出锚固装置的自由端的高度应符合出厂规定。

(13)塔式起重机在作业结束、临时停机或中途停电时,应放松抱闸,将重物缓慢放置地面并松钩,禁止将重物悬吊在空中。

(14)塔式起重机旋转半径投影范围内,不得设置施工或看守人员住宿点。

(15)塔式起重机应定期进行检查,要有检查方案,明确检查项目、要求和频次。其中附墙锚固、基础、各类限制器、限位装置、保护装置、滑轮组、钢丝绳、吊具等重点检查项目应每月检查一次;一般检查项目如电气防护等应每季度检查一次,极端恶劣气候发生后,应及时进行全面检查。每次检查应保留检查记录。

6.3 塔式起重机爬梯安全防护指南

塔式起重机整节拼装时,里面设置有安全爬梯,爬梯四周设置钢筋笼防护,钢筋笼直径为60cm,和塔式起重机标准节整体拼装,起到四周防护作用,塔式起重机墩身每隔一段距离,在爬梯周围设置供塔式起重机操作员的休息围栏,防止操作员因体力不足而发生坠落事故。塔式起重机爬梯安全防护示意图如图6-1所示,塔式起重机安全爬梯效果图如图6-2所示。

图6-1 塔式起重机爬梯安全防护示意图

图6-2 塔式起重机安全爬梯效果图

6.4　塔式起重机基础安全防护指南

塔式起重机基础四周采用装配式护栏防护,禁止无关人员靠近,防止高空坠物伤人。装配式护栏防护示意图如图 6-3 所示,塔式起重机基础安全防护效果图如图 6-4 所示。

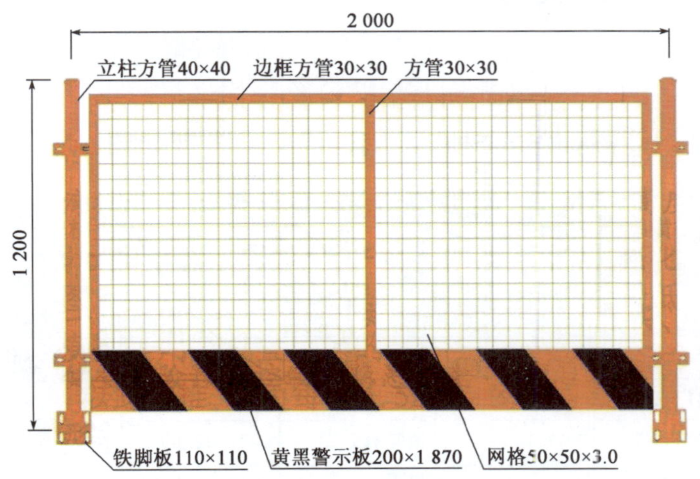

图 6-3　装配式护栏防护示意图(尺寸单位:mm)

图 6-4　塔式起重机基础安全防护效果图

6.5　机械设备准入制指南

(1)设备进场要求必须经过机务部和安全部验收,设备操作人员进场须经过考核,验收合格才发放准入牌进场作业,准入牌上二维码涵盖操作人员基本信息、安全教育培训、安全技术交底、设备和人员相关证件等。

(2)二维码制作要求:

①准入牌大小为 A4 纸张纵向半幅大小。

②“机械设备准入牌”字体规格为黑体,加粗,48 号。

③“××公司××项目经理部”字体规格为宋体,加粗,三号。

④表格中文字字体规格为宋体,三号字。

⑤彩色打印,“二维码”从 PM 设备清单导出,盖项目公章(不能覆盖二维码),过塑置于设备上。属特种设备的,同时在设备上粘贴检验合格证。

机械设备准入牌示意图如图 6-5所示,机械设备准入牌如图 6-6 所示。

北投集团 机械设备准入牌

准入编号:DBL5FB-T-LMD001

设备名称	门式起重机	型号规格	MHB-18A3	(二维码)
出厂日期	2017.05.01	出厂编号	201711705	
进场日期	2017.12.22	检验有效期	2021.02.09	
机手姓名		机手证件种类	特种设备操作证	
机手电话		机手证件号		
所属劳务队		负责人姓名电话		

图 6-5 机械设备准入牌示意图

图 6-6 机械设备准入牌

第7章　路面施工警示标志、警示标牌标准化

路面施工警示标志、警示标牌应标准化制作和设置。车辆通行证如图7-1所示，值班房、栅栏、交通管制告示牌如图7-2所示，交通管制告示牌内容如图7-3所示，限速牌、“慢”字牌尺寸如图7-4所示，“慢”字牌、限速牌的摆放方式如图7-5所示，测速仪实例如图7-6所示，测速仪如图7-7所示，强制减速带及导向牌设置方式如图7-8所示，强制减速提示牌设置实例如图7-9所示。

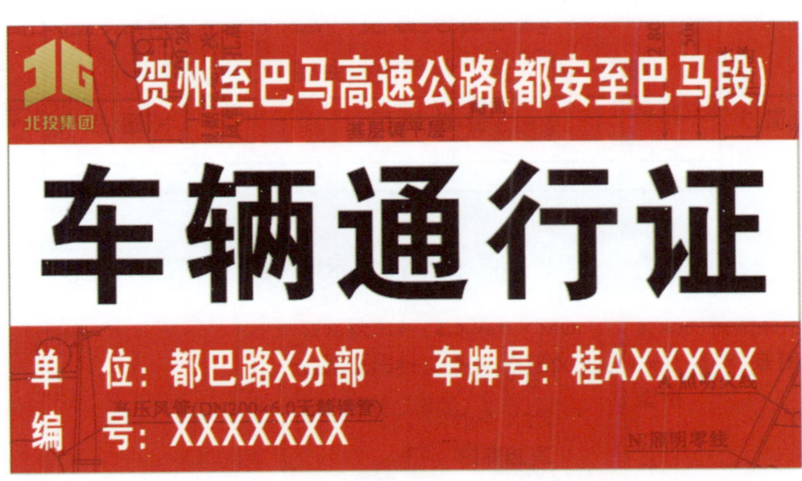

图7-1　车辆通行证示意图(A4纸大小，盖章、过塑)

图7-2　值班房、栅栏、交通管制告示牌

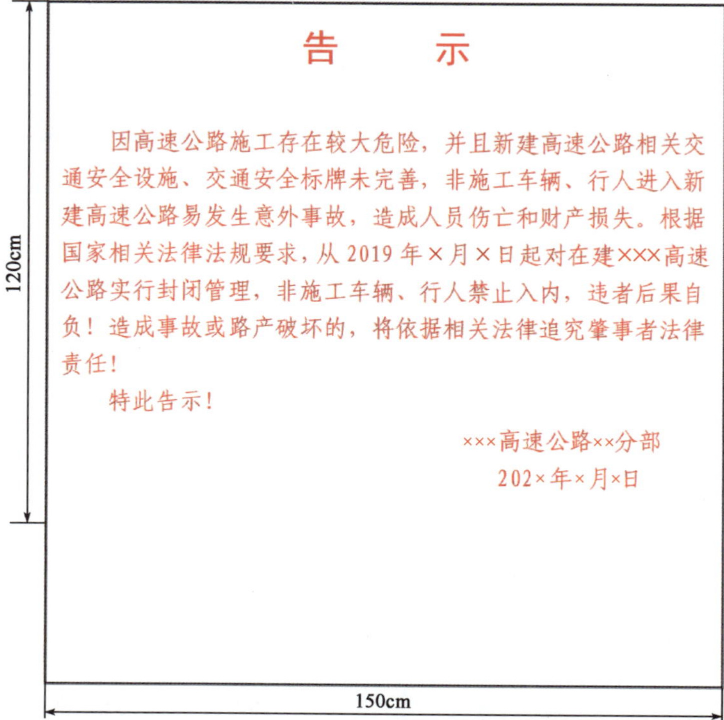

图7-3 交通管制告示牌内容

图7-4 限速牌、“慢”字牌尺寸

图 7-5　“慢”字牌、限速牌的摆放方式

图 7-6　测速仪实例

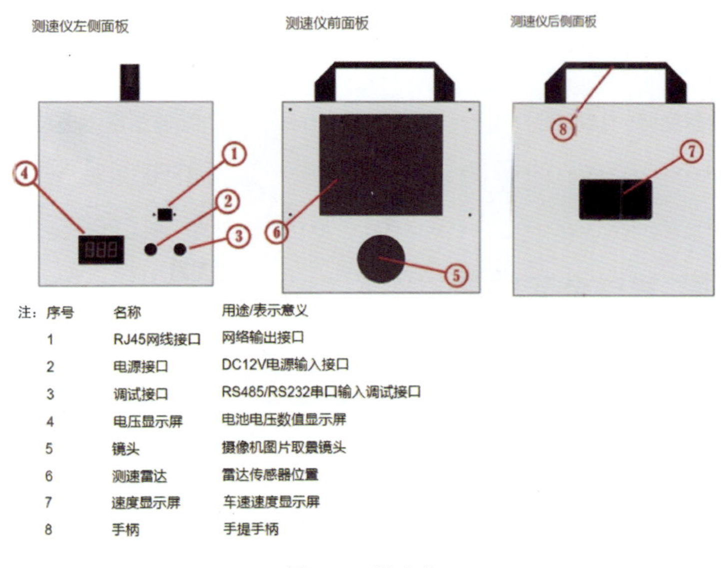

图 7-7　测速仪

图 7-8　强制减速带及导向牌设置方式(“强制减速带”和“导向牌”格式为 110cm×50cm,使用铁丝进行固定)

图 7-9　强制减速提示牌设置实例

第8章　涉路施工安全防护标准化

8.1　跨线涉路施工门洞安全防护指南

施工准备→基础混凝土硬化(预埋钢板)→焊接钢管(焊接三角加劲板)→焊接16号槽钢→安装纵向25号工字钢→安装横向25号工字钢→安装8号槽钢→安装支撑上层8号槽钢→铺设厚木板→安装第二层横向8号槽钢→安装第二层纵向8号槽钢→铺设钢板→设彩钢瓦→搭设限高门架。

(1)施工准备:

①准备好施工所需材料,试验室验证材料合格。保证现场四通一平,平整场地、清除杂草。测量放好基础位置,做好标记。施工现场周边,设置好标识标牌,车辆导流信息等。

②按照《公路水运工程施工安全标准化指南》,安全防护棚长度必须大于自由坠落的防护半径,跨线桥坠落高度、防护等级和防护半径分类情况见表8-1。

跨线桥坠落高度、防护等级和防护半径分类　　表8-1

序　号	坠落高度	防护等级	防护半径
1	2~5m	一级	2m
2	5~15m	二级	3m
3	15~30m	三级	4m
4	30m以上	特级	5m以上

③按照表8-1要求,放样出钢管桩位于二级路两端位置,按照图纸放样出基坑位置。

(2)基础混凝土硬化:修整基坑,安装模板,通知测量放出设计高程,浇筑混凝土。混凝土统一由拌和站发料,浇筑时按要求振捣,快插慢拔,直至混凝土不再冒出气泡下沉。混凝土浇筑完成,按要求预埋钢板,钢板与钢筋在钢筋加工厂加工焊接好运至现场。

(3)焊接钢管:在用起重机械吊钢管时,注意来向车流,吊装时禁止车辆通过。钢管放在钢板中心进行满焊焊接,在钢板与钢管四个不同方向满焊焊接三角加劲板。焊接要求饱满、无气泡。

(4)焊接16号槽钢:钢管焊接安装完成,验收合格后,安装爬梯,利用汽车起重机与人工配合的方式,在顺通道方向两根钢管之间,焊接槽钢。起吊槽钢时,注意来向车流,禁止汽车通过。焊接要求饱满、无气泡。

(5)安装纵向25号工字钢:槽钢焊接完成后,利用汽车起重机与人工配合的方式,在顺通道向两根钢管上面安装25号工字钢,要求安装平稳、牢固。汽车起重机起吊工字钢时,注意来向车流,禁止车辆通过。

(6)安装横向25号工字钢:25号工字钢安装完成,验收合格后,利用汽车起重机与人工配合的方式,在跨二级路向,安装25号工字钢,要求安装平稳、牢固。汽车起重机起吊工字钢时,注意来向车流,禁止车辆通过。

(7)安装第一层顺通道8号槽钢:25号工字钢按要求安装,验收合格后,在上面安装顺通道8号槽钢。采用汽车起重机与人工配合的方式,起吊时,注意来向车流,严禁车流通过。安装槽钢要求平稳、牢固。

(8)安装支撑上层8号槽钢:第一层顺通道8号槽钢按要求安装,验收合格后,在各支撑点安装支撑第二层8号槽钢。采用汽车起重机与人工配合的方式,起吊时,注意来向车流,严禁车流通过。安装槽钢要求平稳、牢固。

(9)铺设第一层木板:槽钢安装完成,验收合格后,在上面满铺木板,禁止留有空隙。采用汽车起重机与人工配合的方式,起吊时,注意来向车流,严禁车流通过。

(10)安装第二层横向8号槽钢:第一层厚木板按要求安装,验收合格后,利用汽车起重机与人工配合的方式,在跨二级路向,安装8号槽钢,要求安装平稳、牢固。采用汽车起重机与人工配合的方式,起吊时,注意来向车流,禁止车辆通过。

(11)安装第二层纵向8号槽钢:8号槽钢按要求安装,验收合格后,在上面安装顺通道8号槽钢。采用汽车起重机与人工配合的方式,起吊时,注意来向车流,严禁车流通过。安装槽钢要求平稳、牢固。

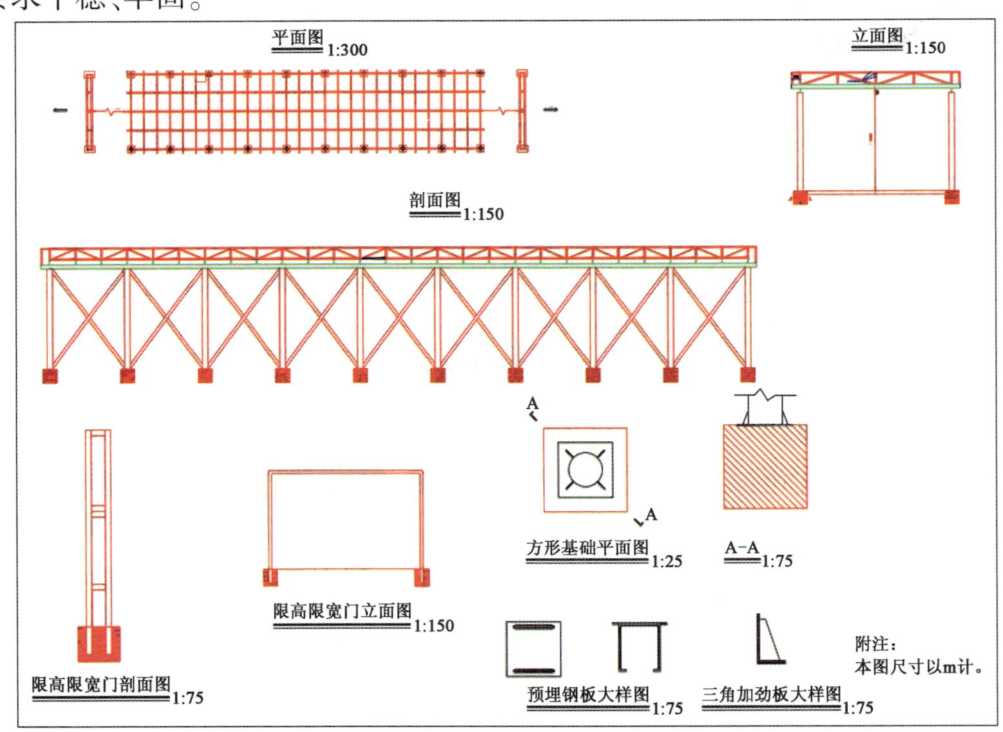

图8-1 安全通道示意图

(12)铺设第二层钢板:槽钢安装完成,验收合格后,在上面满铺钢板,禁止留有空隙。采用汽车起重机与人工配合的方式,起吊时,注意来向车流,严禁车流通过。

(13)搭设彩钢瓦:搭设彩钢瓦时,注意通道下面通过的车流,安装必须平稳、牢固。

(14)搭设限高门架:在通车门前后 10m 处搭设一座限高门架,限高 5m,采用彩色钢管搭设。跨中设置车辆限高、限宽、限速等标志牌。

安全通道示意图如图 8-1 所示,安全通道效果图如图 8-2 和图 8-3 所示。

图 8-2　安全通道效果图

图 8-3　安全通道效果图

8.2　跨高速公路边通车路段安全防护措施指南

结合施工区段,在高速公路上设置施工标志时,应顺着交通流方向设置安全设施。从上游向下游依次摆设;作业完成后,先清理现场,作业车辆和人员应按规定路线安全离开高速公路。

封闭行车道具体实施如下:

(1)开始进行改道后,施工队伍按改道要求在需要封闭的交通侧沿路肩和中央分隔带开始摆设第一块前方施工标志标牌(1km),然后向前行驶800m后摆设第二块标志牌(限速80km/h),接着依次向前间隔200m摆设限速60km/h标志牌、设置车道改道标志牌和在中央分隔带设置警示频闪灯。

(2)车辆向前行驶50m后停在路肩,开启警示标志灯(双闪灯),在安全的情况下指挥其他施工人员将反光锥筒扛到超车道,面对来车方向摆设一个长120m的施工过渡区,并在第一个锥筒位置摆设第一块导向牌;锥筒与锥筒间要相互对齐成一条直线,引导车辆至安全车道。在指挥过程中注意观察过往车辆,禁止其他车辆闯入施工过渡区,以免发生事故。

(3)负责摆设标志牌的两名施工人员应从施工车辆上扛下另一块导向牌和一个箭头标志灯,面对来车方向摆在过渡区的中间部分(可以并排摆放)。

(4)从过渡区最后一个锥筒开始,沿车道分割线摆设80m的缓冲区,设置“关闭远光灯”“请保持车距”标志牌和测速仪,施工人员应从施工车辆上扛下一块导向牌和一个箭头标志灯,设置在面向相反方向指向中央活动护栏口;同时间隔5m依次往斜上角(行车道)方向摆设锥筒沿斜线延伸,一直延伸到外行车道与内行车道分割线为止。在确保安全后,将安全锥更换为反光水马。

(5)沿外行车道与内行车道分割线摆设施工区,然后摆设下游过渡区。在前方30m路肩钢护栏处摆好“解除禁超”“解除限速”两块标志牌(间隔30m),中央活动护栏暂时不要开启。

(6)安全员负责观察指挥车辆安全通行,在安全的情况下指挥其他施工人员将反光锥筒扛到路肩上,面对来车方向从路肩边缘至内车道的标线摆设120m的施工过渡区,沿着标线摆设80m缓冲区,锥筒与锥筒间要相互对齐成一条直线,进入施工过渡区继续保持车辆通行在里行车道上,将锥筒摆设至封闭区前。此前摆牌施工车辆应停放在过渡区的路肩上,然后摆上第二、第三块向左导向标志牌和箭头标志灯,在确定无车辆进入封闭区后,将安全锥更换为反光水马桩。

(7)在两个中央活动护栏留守的施工人员相互通报后,以及可以打开活动护栏的情况下同时开启,施工人员同时面对着来车方向,在上游过渡区内摆放第四、第五块向左导向标志牌和导向标志灯、雷达测速仪、左侧绕行警告标志,在缓冲区摆放水马、道路施工标志标牌、向左导向标志牌、施工警示灯护栏。同时,摆好下游过渡区的反光锥筒,右幅行车道开始封闭道路,指挥车辆从封闭区顺车流方向驶出。在确保安全后,将安全锥更换为反光水马。

(8)在下游过渡区最后一个反光锥筒前方的30m内的路肩上摆好行车道“解除禁超”“解除限速”两块标志牌。

(9)施工队伍最后在施工改道双向行驶路段右侧路肩,设立警示标志牌,严禁过往车辆在路肩上行驶。

高速公路涉路施工安全防护示意图如图8-4所示。

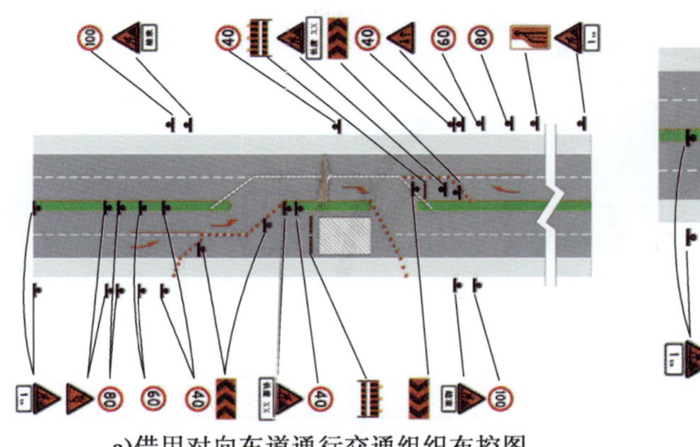

a)借用对向车道通行交通组织布控图

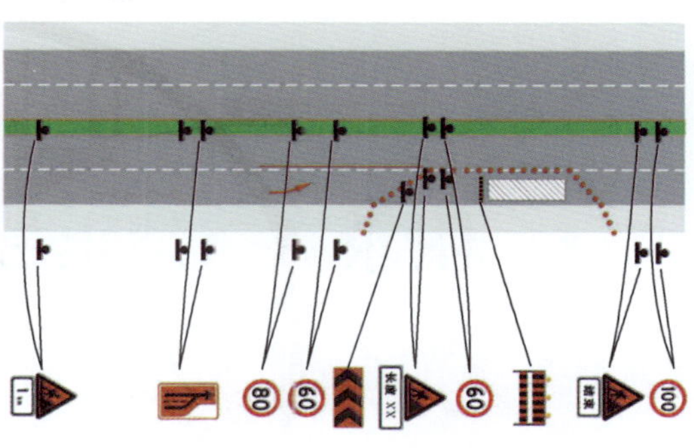

b)占用一个行车道交通组织布控图

图 8-4　高速公路涉路施工安全防护示意图

附录 A　禁止标志设置原则、要求

禁止标志设置原则、要求一览表　　附表 A-1

序号	名　称	图形/图例	制作要求 （长×宽，mm）	安装要求	设置范围和部位
1	禁止放易燃物	××高速××分部/××标段 禁止放易燃物 ××公司	尺寸为 300×400 或 600×800	悬挂或粘贴	具有明火设备或高温的作业场所，如各种焊接、切割等动火场所
2	禁止合闸	××高速××分部/××标段 禁止合闸 ××公司	尺寸为 300×400 或 600×800	悬挂或粘贴	各级配电箱、开关箱等用电设备相应开关处，或线路检修时相应开关处
3	禁止攀登	××高速××分部/××标段 禁止攀登 ××公司	尺寸为 300×400 或 600×800	悬挂或粘贴	不允许攀爬的危险部位、建（构）筑物、设备等
4	禁止抛物	××高速××分部/××标段 禁止抛物 ××公司	尺寸为 300×400 或 600×800	悬挂或粘贴	高处作业现场、深沟（坑）等抛物易伤人地点
5	禁止入内	××高速××分部/××标段 禁止入内 ××公司	尺寸为 300×400 或 600×800	悬挂或粘贴	易造成事故或对人员有伤害的场所，高压设备室、配电房等入口处

续上表

序号	名　称	图形/图例	制作要求（长×宽，mm）	安装要求	设置范围和部位
6	禁止停留	××高速××分部/××标段 禁止停留 ××公司	尺寸为 300×400 或 600×800	悬挂或粘贴	对人员具有直接危险的场所，如危险路口、吊装作业区、输送带下方、预制梁架设区等
7	禁止烟火	××高速××分部/××标段 禁止烟火 ××公司	尺寸为 300×400 或 600×800	悬挂或粘贴	危险化学品存放区、易燃易爆品堆放处和有乙类火灾危险物质的场所，如氧气/乙炔存放区，油罐存放处等
8	禁止堆放	××高速××分部/××标段 禁止堆放 ××公司	尺寸为 300×400 或 600×800	悬挂或粘贴	应急通道、安全通道及施工操作平台等处
9	禁止暴晒	××高速××分部/××标段 禁止暴晒 ××公司	尺寸为 800×600 白底红字	悬挂或粘贴	危险化学品存放区、易燃易爆品堆放处、氧气/乙炔存放区和使用氧气乙炔等易燃易爆物处所
10	禁止掉落焊花	××高速××分部/××标段 禁止掉落焊花 ××公司	尺寸为 800×600 白底红字	悬挂或粘贴	桥梁跨河/路施焊处，跨越或紧邻通航河道、铁路、公路等施焊场所
11	禁止翻越防护栏	××高速××分部/××标段 禁止翻越防护栏 ××公司	尺寸为 800×600 白底红字	悬挂或粘贴	设立防护栏或邻近既有公路施工现场的防护栏
12	禁止倾倒垃圾	××高速××分部/××标段 禁止倾倒垃圾 ××公司	尺寸为 800×600 白底红字	悬挂或粘贴	施工作业场所

续上表

序号	名　称	图形/图例	制作要求 (长×宽,mm)	安装要求	设置范围和部位
13	禁止排放油污	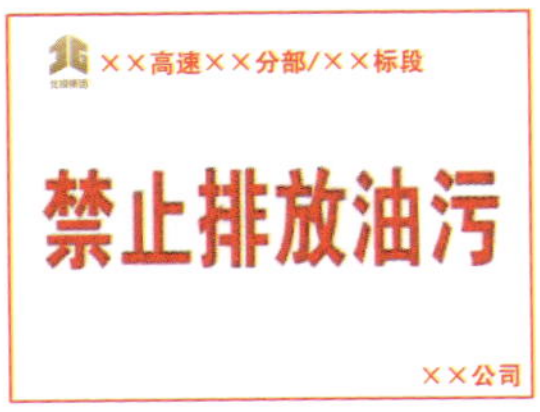 ××高速××分部/××标段 禁止排放油污 ××公司	尺寸为 800×600 白底红字	悬挂或粘贴	施工作业场所、水上作业平台
14	禁止向水中排放泥浆	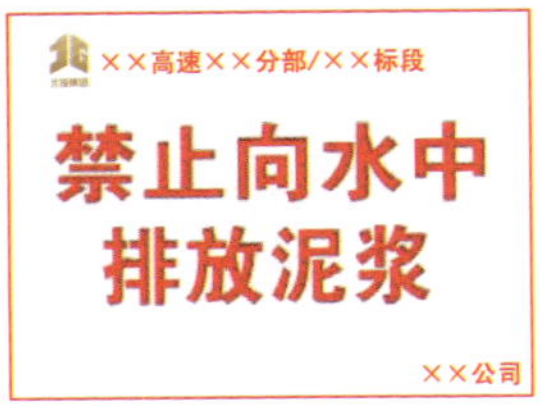 ××高速××分部/××标段 禁止向水中排放泥浆 ××公司	尺寸为 800×600 白底红字	悬挂或粘贴	施工现场水上钻孔平台、邻近水域钻孔作业现场
15	5km 限速牌	 5	尺寸为 直径 600 白底黑字 红边框 以限速 5km 为例	悬挂或粘贴	场内道路及隧道洞口设置 5km 限速牌,隧道成洞段处设置 15km 限速牌
16	施工重地闲人免进	 ××高速××分部/××标段 施工重地闲人免进 ××公司	尺寸为 800×600 或 1200×1000 白底红字	竖立	拌和站、钢筋加工厂、制梁厂(预制厂)、现浇梁、隧道洞口、施工工地等现场的出入口、重点部位醒目位置
17	机房重地闲人免进	 ××高速××分部/××标段 机房重地闲人免进 ××公司	尺寸为 800×600 白底红字	悬挂或粘贴	拌和站、制梁厂(预制厂)的控制室和发电机房、配电室、抽水机房等处
18	锅炉重地闲人免进	 ××高速××分部/××标段 锅炉重地闲人免进 ××公司	尺寸为 800×600 白底红字	悬挂或粘贴	锅炉房入口处
19	高空作业禁止靠近	 ××高速××分部/××标段 高空作业禁止靠近 ××公司	尺寸为 800×600 白底红字	竖立	空高作业警戒区四周

续上表

序号	名　　称	图形/图例	制作要求（长×宽，mm）	安装要求	设置范围和部位
20	吊装作业 禁止进入	××高速××分部/××标段 吊装作业 禁止进入 ××公司	尺寸为 800×600 白底红字	可移动式	吊装作业警戒区四周
21	消防设施 严禁挪用	××高速××分部/××标段 消防设施 严禁挪用 ××公司	尺寸为 800×600 白底红字	悬挂或粘贴	消防设施处
22	氧气存放处	××高速××分部/××标段 氧气存放处 ××公司	尺寸为 800×600 白底红字 黑体	悬挂或粘贴	桥梁、隧道、钢筋加工厂、梁厂等施工现场氧气存放处
23	乙炔存放处	××高速××分部/××标段 乙炔存放处 ××公司	尺寸为 800×600 白底红字 黑体	悬挂或粘贴	桥梁、隧道、钢筋加工厂、梁厂等施工现场乙炔存放处
24	前方爆破 禁止通行	××高速××分部/××标段 前方爆破 禁止通行 ××公司	尺寸为 1 000×800 白底红字 黑体	可移动式	爆破作业时，爆破警戒区两端200m处

附录 B 警告标志设置原则、要求

警告标志设置原则、要求一览表 附表 B-1

序号	名　　称	图形/图例	制作要求（长×宽，mm）	安装要求	设置范围和部位
1	当心机械伤人	 ××高速××分部/××标段 当心机械伤人 ××公司	尺寸为 300×400 或 600×800	悬挂或粘贴	易发生机生卷入、轧压、碾压、剪切等机械伤害的作业场所
2	当心坑洞	 ××高速××分部/××标段 当心坑洞 ××公司	尺寸为 300×400 或 600×800	悬挂或粘贴	具有坑洞易造成伤害的作业地点，如预留孔洞及各种深坑的上方等处
3	当心落物	 ××高速××分部/××标段 当心落物 ××公司	尺寸为 300×400 或 600×800	悬挂或粘贴	易发生落物危险的地点，如高处作业、立体交叉作业等的下方
4	当心塌方	 ××高速××分部/××标段 当心塌方 ××公司	尺寸为 300×400 或 600×800	悬挂或粘贴	易发生塌方危险的地段，如边坡及土方作业的深坑、深槽，路基路堑开挖，抗滑桩施工等场所
5	当心中毒	 ××高速××分部/××标段 当心中毒 ××公司	尺寸为 300×400 或 600×800	悬挂或粘贴	易产生有毒、有害气体的场所

续上表

序号	名　称	图形/图例	制作要求（长×宽，mm）	安装要求	设置范围和部位
6	当心扎脚		尺寸为 300×400 或 600×800	悬挂或粘贴	易造成腿部伤害的作业地点
7	当心坠落		尺寸为 300×400 或 600×800	悬挂或粘贴	易发生坠落事故的作业地点
8	注意安全		尺寸为 300×400 或 600×800	悬挂或粘贴	易造成人员伤害的场所及设备等处
9	前方施工 减速慢行		尺寸为 800×600 黄底黑字	竖立或悬挂	跨越（邻近）道路施工场所，如隧道洞内成洞段、桥梁跨既有线施工等处
10	进入施工现场 请减速慢行		尺寸为 800×600 或 1 000×800 黄底黑字	竖立或悬挂	施工现场出入口、场站出入口及工点路口等处醒目位置
11	高空作业 注意安全		尺寸为 800×600 黄底黑字	竖立或悬挂	桥梁、边坡防护等高处作业场所

续上表

序号	名　　称	图形/图例	制作要求 (长×宽,mm)	安装要求	设置范围和部位
12	爆破区域 注意安全	××高速××分部/××标段 爆破区域 注意安全 ××公司	尺寸为 1 000×800 黄底黑字 黑体	竖立	爆破作业警戒区两端200m处

附录 C　指令标志设置原则、要求

指令标志设置原则、要求一览表　　附表 C-1

序号	名　　称	图形/图例	制作要求（长×宽，mm）	安装要求	设置范围和部位
1	必须戴防护眼镜		尺寸为 300×400 或 600×800	悬挂或粘贴	对眼睛有伤害的作业场所
2	必须系安全带		尺寸为 300×400 或 600×800	悬挂或粘贴	易发生坠落危险的作业场所
3	注意通风		尺寸为 300×400 或 600×800	悬挂或粘贴	空气不流通、易发生窒息、中毒等的作业场所，如隧道、孔桩等处
4	进入施工现场必须戴安全帽		尺寸为 600×800 或 800×1000	竖立或悬挂	施工现场出入口、隧道洞口等醒目位置
5	泥浆池危险请勿靠近		尺寸为 800×600 蓝底白字	竖立或悬挂	泥浆池防护栏杆

续上表

序号	名　　称	图形/图例	制作要求(长×宽,mm)	安装要求	设置范围和部位
6	沉淀池危险请勿靠近	 ××高速××分部/××标段 沉淀池危险 请勿靠近 ××公司	尺寸为800×600蓝底白字	竖立或悬挂	沉淀池防护栏杆
7	张拉危险请勿靠近	 ××高速××分部/××标段 张拉危险 请勿靠近 ××公司	尺寸为800×600蓝底白字	悬挂或粘贴	制梁厂(预制厂)、现浇梁等预应力张拉作业区
8	基坑危险请勿靠近	 ××高速××分部/××标段 基坑危险 请勿靠近 ××公司	尺寸为800×600蓝底白字	竖立或悬挂	基坑防护栏杆
9	必须系安全绳	 ××高速××分部/××标段 必须系安全绳 ××公司	尺寸为800×600蓝底白字	悬挂或粘贴	频繁移动且无法系安全带的高处作业、临边作业、悬空作业等场所
10	边坡危险请勿靠近	 ××高速××分部/××标段 边坡危险 请勿靠近 ××公司	尺寸为800×600蓝底白字	竖立	边坡施工作业区
11	水深危险请勿靠近	 ××高速××分部/××标段 水深危险 请勿靠近 ××公司	尺寸为800×600蓝底白字	竖立或悬挂	邻近河流、湖泊、水库、水池等水源的防护栏杆

续上表

序号	名　　称	图形/图例	制作要求（长×宽，mm）	安装要求	设置范围和部位
12	临边危险请勿靠近		尺寸为 800×600 蓝底白字	竖立或悬挂	临边防护栏杆
13	爆破时间		尺寸为 800×600 蓝底白字 黑体	竖立	爆破作业警戒区两端200m处
14	桩号牌		尺寸为 800×600 蓝底白字 黑体、双面	竖立	施工现场，主线沿线每隔500m设置
15	起点牌		尺寸为 1 500×1 200 蓝底白字 黑体、双面	竖立	施工合同段，主线终点醒目位置
16	终点牌		尺寸为 1 500×1 200 蓝底白字 黑体、双面	竖立	施工合同段，主线终点醒目位置
17	急弯鸣笛		尺寸为 800×600 蓝底白字 黑体、反光	竖立	主线及施工便道通行方向改变处、弯道等

附录 D　提示标志设置原则、要求

提示标志设置原则、要求一览表　　附表 D-1

序号	名　称	图形/图例	制作要求（长×宽，mm）	安装要求	设置范围和部位
1	灭火器提示标志	 灭火器	尺寸为400×300	悬挂或粘贴	易燃易爆处等需指示灭火器的处所
2	灭火设备提示标志	 灭火设备	尺寸为400×300	悬挂或粘贴	需指示灭火设备的处所
3	消防责任人	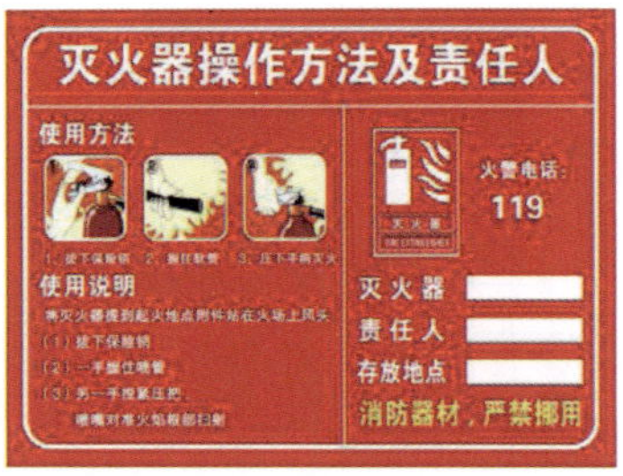 灭火器操作方法及责任人 使用方法 使用说明 火警电话：119 灭火器 责任人 存放地点 消防器材，严禁挪用	尺寸为500×400红底白字	悬挂或粘贴	油库、危化品仓库、锅炉房、电气焊作业区等施工现场重点防火部位及消防器材存放处

附录 E　标牌设置原则、要求

标牌设置原则、要求一览表　　附表 E-1

序号	名　　称	图形/图例	制作要求（长×宽,mm）	安装要求	设置范围和部位
1	工程概况牌	××高速××分部/××标段 工程概况牌 开工日期　年　月　日　竣工日期　年　月　日 ××公司	尺寸为 2 000×1 500 白底黑字 黑体 蓝边框 若场地小 尺寸可为 1 500×1 200	竖立	驻地、场站、桥梁、隧道、拌和站、梁厂等重点工程醒目位置,施工现场出入口醒目位置
2	质量安全目标牌	××高速××分部/××标段 质量安全目标牌 ××公司	尺寸为 2 000×1 500 白底黑字 黑体 蓝边框 若场地小 尺寸可为 1 500×1 200	竖立	驻地、场站、桥梁、隧道、拌和站、梁厂等重点工程醒目位置,施工现场出入口醒目位置
3	管理人员名单及监督电话牌	××高速××分部/××标段 管理人员名单及监督电话牌 职务　姓名　电话 项目经理 技术负责人 安全负责人 工区负责人 项目总监 现场监理员 ××公司	尺寸为 2 000×1 500 白底黑字 黑体 蓝边框 若场地小 尺寸可为 1 500×1 200	竖立	驻地、场站、桥梁、隧道、拌和站、梁厂等重点工程醒目位置,施工现场出入口醒目位置
4	安全文明施工牌	××高速××分部/××标段 安全文明施工牌 ××公司	尺寸为 2 000×1 500 白底黑字 黑体 蓝边框 若场地小 尺寸可为 1 500×1 200	竖立	驻地、场站、桥梁、隧道、拌和站、梁厂等重点工程醒目位置,施工现场出入口醒目位置

续上表

序号	名称	图形/图例	制作要求(长×宽,mm)	安装要求	设置范围和部位
5	重大风险源告知牌	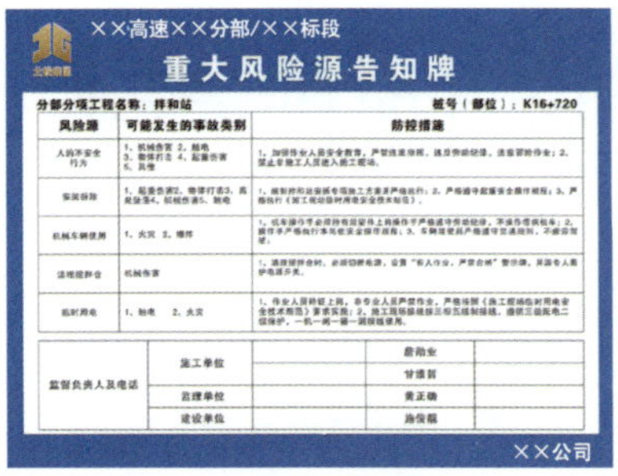	尺寸为2 000×1 500白底黑字黑体蓝边框若场地小尺寸可为1 500×1 200	竖立	驻地、场站、桥梁、隧道、拌和站、梁厂等重点工程醒目位置,施工现场出入口醒目位置
6	现场平面布置图		尺寸为2 000×1 500白底黑字黑体蓝边框若场地小尺寸可为1 500×1 200	竖立	驻地、场站、桥梁、隧道、拌和站、梁厂等重点工程醒目位置,施工现场出入口醒目位置
7	应急救援流程图		尺寸为1 200×1 500白底黑字黑体蓝边框若场地小尺寸可为1 000×1 200	竖立	驻地、场站、桥梁、隧道、拌和站、梁厂等重点工程醒目位置,施工现场出入口醒目位置
8	应急联系电话公示牌		尺寸为1 200×1 500白底黑字黑体蓝边框若场地小尺寸可为1 000×1 200	竖立	驻地、场站、桥梁、隧道、拌和站、梁厂等重点工程醒目位置,施工现场出入口醒目位置
9	工程公示牌		尺寸为2 000×1 500白底黑字黑体蓝边框若场地小尺寸可为1 500×1 200	竖立	驻地、场站、桥梁、隧道、拌和站、梁厂等重点工程醒目位置,施工现场出入口醒目位置

续上表

序号	名　　称	图形/图例	制作要求 (长×宽,mm)	安装要求	设置范围和部位
10	施工标识牌	××高速××分部/××标段 施工标识牌 名　称 / 桩　号 主要技术参数 / 开竣工时间 施工负责人 / 技术负责人 安全工程师 / 质量工程师 ××公司	尺寸为 800×600 白底黑字 蓝边框	竖立	单位工程、分部工程、分项工程施工处
11	机械设备标识牌	××高速××分部/××标段 机械设备标识牌 设备名称 / 编　号 规格型号 / 操作司机 机修负责人 / 电气负责人 进场日期 / 状　态 ××公司	尺寸为 400×300 或800×600 白底黑字 蓝边框	悬挂或粘贴	施工机械设备处
12	材料标识牌	××高速××分部/××标段 材料标识牌 材料名称 / 生产厂家 规格型号 / 炉(批)号 进场日期 / 进场数量 检验日期 / 检验状态 ××公司	尺寸为 800×600 白底黑字 蓝边框	竖立	储料区
13	半成品材料标识牌	××高速××分部/××标段 (半)成品材料标识牌 品名 / 产地 规格型号 / 检验状态 使用部位 / 报告编号 ××公司	尺寸为 800×600 白底黑字 蓝边框	竖立	各种材料成品、半成品堆放区
14	配合比标识牌	××高速××分部/××标段 配合比标识牌 工程名称 / 施工单位 混凝土强度等级 / 施工里程 施工部位 / 施工日期 原材料：材料名称 / 生产厂家 / 规格型号 / 含水率(%) / 检验状态 水泥 / 细集料 / 粗集料 / 水 / 外加剂 / 掺合料 理论配合比 施工配合比 每m^3材料用量(kg) 每盘材料用量(kg) 施工负责人：　技术负责人：　试验负责人： ××公司	尺寸为 800×600 白底黑字 蓝边框	竖立或悬挂	拌和机及拌和楼操作室

续上表

序号	名　　称	图形/图例	制作要求（长×宽，mm）	安装要求	设置范围和部位
15	消防设施布置图	 ××高速××分部/××标段 消防设施布置图 ××公司	尺寸为 1 200×1 000 白底黑字 蓝边框	竖立或悬挂	驻地、场站、桥梁、隧道、拌和站、梁厂等重点工程醒目位置
16	隧道施工作业提示牌	 ××高速××分部/××标段 施工作业提示牌 左洞 右洞 注意事项 ××公司	尺寸为 1 000×1 500 白底黑字 蓝边框	竖立或悬挂	隧道进出口醒目位置
17	隧道空气质量实时检测记录牌	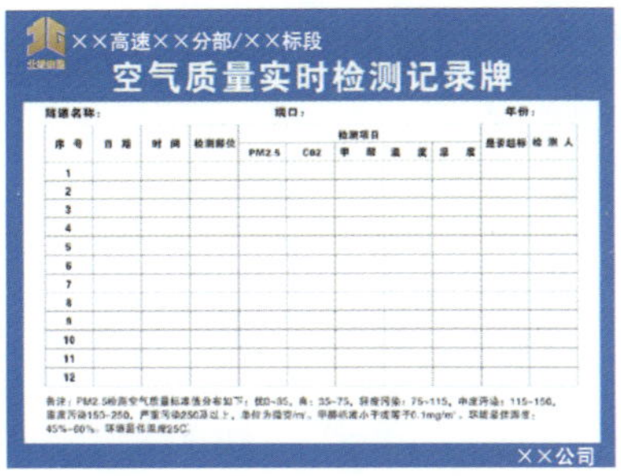 ××高速××分部/××标段 空气质量实时检测记录牌 ××公司	尺寸为 1 200×1 000 白底黑字 蓝边框	竖立	隧道进出口醒目位置
18	隧道进出洞人员动态管理牌	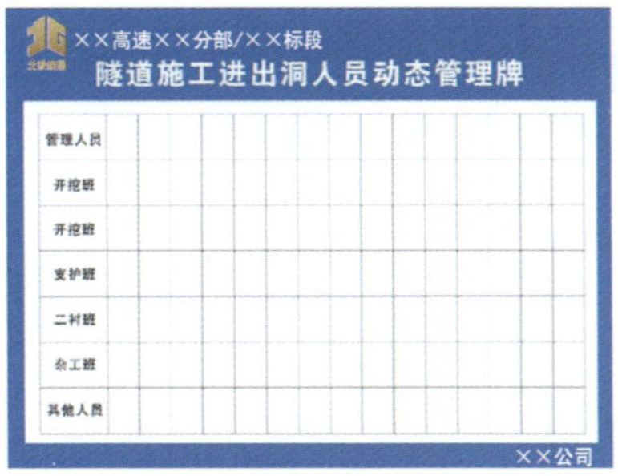 ××高速××分部/××标段 隧道施工进出洞人员动态管理牌 管理人员 开挖班 开挖班 支护班 二衬班 杂工班 其他人员 ××公司	尺寸为 1 200×1 000 白底黑字 蓝边框	竖立或悬挂	隧道进出口醒目位置

续上表

序号	名　称	图形/图例	制作要求（长×宽，mm）	安装要求	设置范围和部位
19	隧道施工进度概要牌	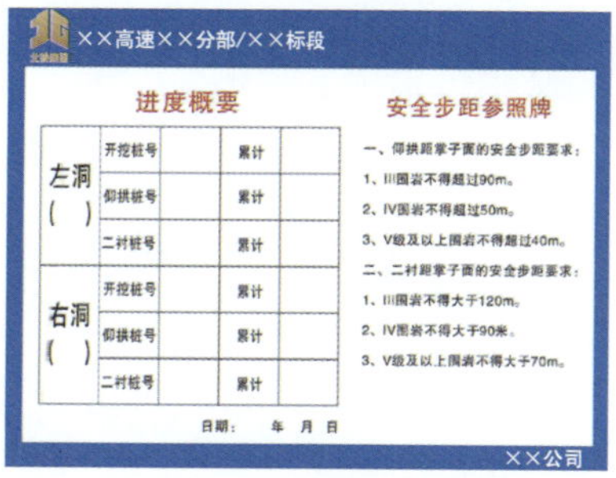	尺寸为 1 200×1 000 白底黑字 蓝边框	竖立或悬挂	隧道进出口醒目位置
20	隧道施工禁止入内		尺寸为 800×600 白底红字	悬挂或粘贴	隧道进出口醒目位置
21	隧道内严禁烟火		尺寸为 800×600 白底红字	悬挂或粘贴	隧道进出口醒目位置
22	施工便道车辆慢行	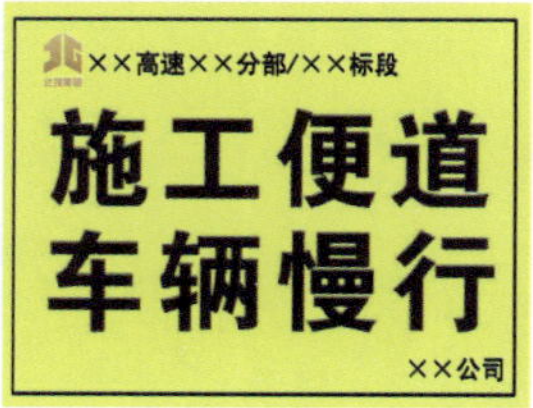	尺寸为 800×600 黄底黑字	悬挂或粘贴	施工便道危险路段
23	限高 4.5m		尺寸为 直径 600 白底黑字 红边框	悬挂或粘贴	施工便道限高前后

续上表

序号	名　　称	图形/图例	制作要求 (长×宽,mm)	安装要求	设置范围和部位
24	限宽 4.5m	4.5m	尺寸为 直径 600 白底黑字 红边框	悬挂或粘贴	施工便道限宽前后
25	墩位标识牌	XX桥左幅 2#墩	尺寸为 直径 600 蓝底白字	粘贴	已施工桥墩合适位置

附录 F　单元预警法相关标志标牌

单元预警法相关标志标牌一览表　　　　附表 F-1

序号	名　　称	图形/图例	制作要求（长×宽，mm）	安装要求	设置范围和部位
1	安全生产警示牌	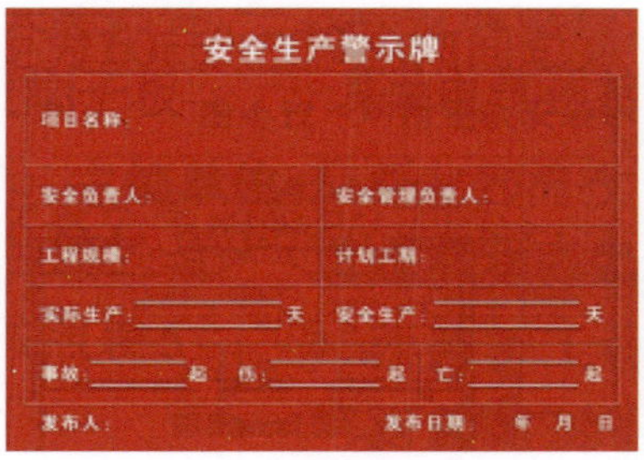	尺寸为 2 000×1 500 红底白字 黑体 若场地小 尺寸可为 1 500×1 200	竖立	项目部驻地及工区驻地醒目位置
2	风险源发布牌	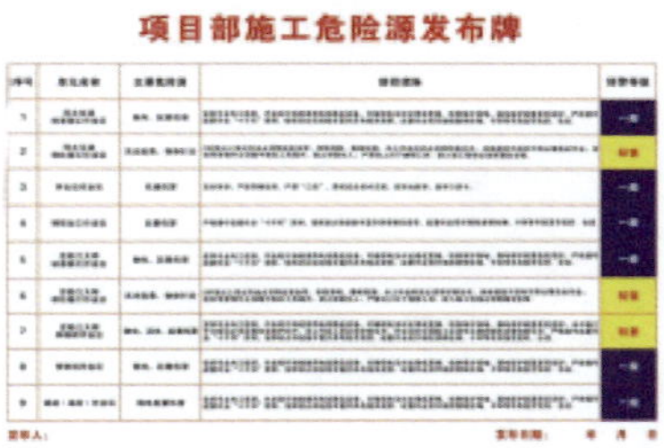	尺寸为 2 000×1 500 红底白字 红框 黑体 若场地小 尺寸可为 1 500×1 200	竖立	项目部驻地及工区驻地醒目位置
3	安全生产单元预警牌		尺寸为 1 200×1 000 白底红字 黑体	竖立	桥梁、隧道、边坡、场站、油库、锅炉房等施工现场预警单元醒目位置
4	一线工人培训学校		尺寸为 600×400	悬挂或粘贴	项目部驻地及工区驻地工人培训教室门口

续上表

序号	名　　称	图形/图例	制作要求(长×宽,mm)	安装要求	设置范围和部位
5	一线工人培训学校教职人员公示牌	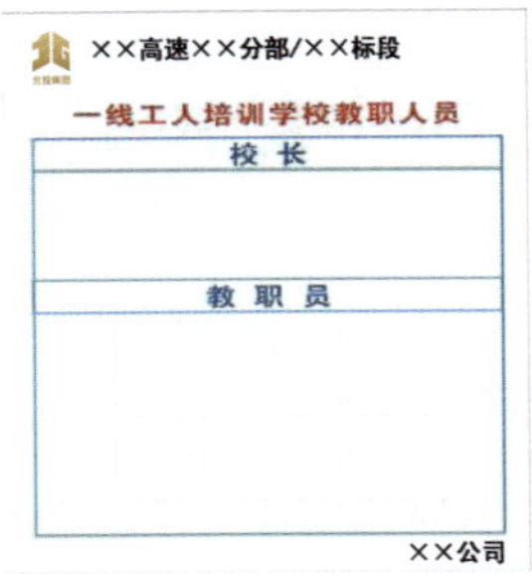 ××高速××分部/××标段 一线工人培训学校教职人员 校长 教职员 ××公司	尺寸为800×1 000	悬挂或粘贴	项目部驻地及工区驻地工人培训教室门口
6	项目领导带班公示牌	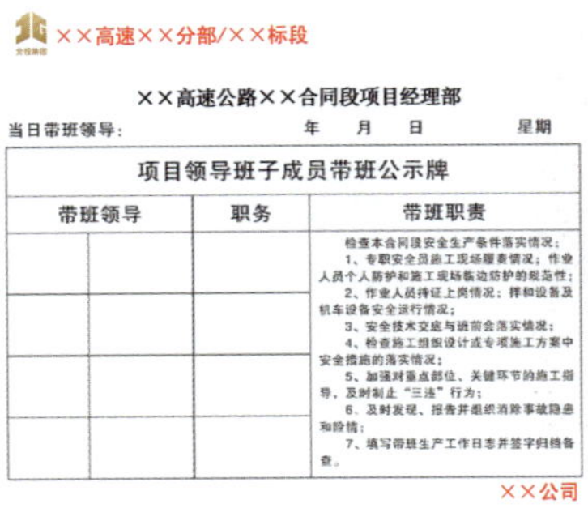 ××高速××分部/××标段 ××高速公路××合同段项目经理部 当日带班领导：　年　月　日　星期 项目领导班子成员带班公示牌 带班领导 | 职务 | 带班职责	尺寸为1 200×1 000白底黑字黑体	竖立	驻地、场站、桥梁、隧道、拌和站、梁厂等重点工程醒目位置

附录 G　高速公路涉路施工标牌设置原则、要求

高速公路涉路施工标牌设置原则、要求一览表　　附表 G-1

序号	名　称	图形/图例	制作要求（长×宽，mm）	安装要求	设置范围和部位
1	施工标志		尺寸为边长 1 300 等边三角形，橙底黑图案黑体、反光材质	移动三脚架	施工路段
2	施工距离标志	 ××m	尺寸为边长 1 300 等边三角形加 1 000×600 的长方形，中间间隔距离 50，橙底黑图案，反光材质	移动三脚架	施工区域前方××m 位置设置
3	车道数减少标志		尺寸为 1 400×900，车道图案尺寸为 75，橙底黑图案黑体、反光材质	移动三脚架	施工区域上游过渡区到警告区 1/4 位置

续上表

序号	名　　称	图形/图例	制作要求（长×宽，mm）	安装要求	设置范围和部位
4	限速标志	 80	尺寸为外径1 200白底黑字红边框、反光材质	移动三脚架	施工区域警告区1/2位置
5	限速标志	 60	尺寸为外径1 200白底黑字红边框、反光材质	移动三脚架	施工区域警告区1/2往施工点200m位置
6	导向标志		尺寸为1 800×600橙底黑图案，反光材质	移动三脚架	施工区域上游过渡区位置
7	施工长度标志	 长度××m	尺寸为边长1 300等边三角形加1 400×600的长方形，中间间隔距离50，橙底黑图案，反光材质	移动三脚架	施工封闭区域纵向缓冲区起点位置

续上表

序号	名　　称	图形/图例	制作要求（长×宽，mm）	安装要求	设置范围和部位
8	附设警示灯的路栏		尺寸为 1 800×（400、200）总高 1 100，橙底黑图案，反光材质	移动三脚架	施工封闭区域纵向过渡区起点
9	施工结束标志	 结束	尺寸为边长 1 300 等边三角形加 1 000×600 的长方形，中间间隔距离 50，橙底黑图案，反光材质	移动三脚架	施工区域终止区末端
10	限速标志	 100	尺寸为外径 1 200 白底黑字红边框、反光材质	移动三脚架	施工区域终止区末端改路段原限速值
11	改道标志		尺寸为边长 1 300 等边三角形，橙底黑图案黑体、反光材质	移动三脚架	警告区 1/2 位置
12	减速让行标志	 让	尺寸为边长 1 300 等边三角形，白底黑字，红边框黑体、反光材质	移动三脚架	匝道与车道汇流点前适当位置

续上表

序号	名　称	图形/图例	制作要求 (长×宽,mm)	安装要求	设置范围和部位
13	匝道口作业标志	 40 匝道	尺寸为 外径1 200 白底黑字 红边框、加 1 000×600的 长方形, 中间间隔距离50, 白底黑字黑边框, 反光材质	移动三脚架	车辆驶出匝道前方位置
14	匝道内作业标志	 出口匝道	尺寸为 边长1 300 等边三角形加 1 000×600的 长方形, 中间间隔 距离50, 橙底黑图案, 反光材质	移动三脚架	匝道口起点位置设置
15	匝道出口标志	 出口	尺寸为 1 800×600 橙底黑图案, 白边框, 反光材质	移动三脚架	匝道口附近封闭车道作业时,施工区域警告区1/2位置指示出口标志
16	慢行标志	 慢	尺寸为 边长1 300 等边三角形, 橙底黑图案 黑体、 反光材质	移动三脚架	施工封闭区域上游过渡区起点位置
17	方向指路标志	 ×× 方向	尺寸为 边长1 400×1 000 长方形, 橙底黑图案 黑体、 白边框,反光材质	移动三脚架	匝道口附近封闭车道作业时,施工区域警告区1/2位置直行指路标志

续上表

序号	名　　称	图形/图例	制作要求 (长×宽,mm)	安装要求	设置范围和部位
18	闪光箭头		尺寸为 1 400×450, 总高 1 200	移动三脚架	施工区域上游过渡区位置
19	双向交通标志		尺寸为 边长 1 300 等边三角形, 橙底黑图案 黑边框、 反光材质	移动三脚架	借用对向车道通行时,车道封闭上游过渡区 1/2 位置
20	会车让行		尺寸为 外径 1 200 白底红黑 导向箭头、 红边框、 反光材质	移动三脚架	封闭车道上游过渡区 1/2 位置

附录 H　高速公路路基路面施工标牌设置原则、要求

高速公路路基路面施工标牌设置原则、要求一览表　　附表 H-1

序号	名　　称	图形/图例	制作要求（长×宽，mm）	安装要求	设置范围和部位
1	导向牌		尺寸为 1 100×500 橙底黑图案 反光材质	可移动式	主线及施工便道通行方向改变处、弯道等
2	导向牌		尺寸为 1 100×500 橙底黑图案 反光材质	可移动式	主线及施工便道通行方向改变处、弯道等
3	施工提示牌	前方施工 减速慢行	尺寸为 1 100×500 蓝底白字 黑体 反光材质	可移动式	施工路段两端及沿线
4	道路封闭	道路封闭	尺寸为 1 100×500 蓝底白字 白边框 黑体 反光材质	可移动式	封闭施工路段两端

续上表

序号	名　　称	图形/图例	制作要求（长×宽,mm）	安装要求	设置范围和部位
5	左道封闭	左道封闭	尺寸为 1 100×500 蓝底白字 白边框 黑体 反光材质	可移动式	封闭施工路段两端
6	右道封闭	右道封闭	尺寸为 1 100×500 蓝底白字 白边框 黑体 反光材质	可移动式	封闭施工路段两端
7	前方施工 敬请绕行	前方施工 敬请绕行	尺寸为 1 100×500 蓝底白字 黑体 反光材质	可移动式	封闭施工路段两端

附录 I 安全标志牌的基本制作

I.1 禁止标志的基本形式(图 I-1)。

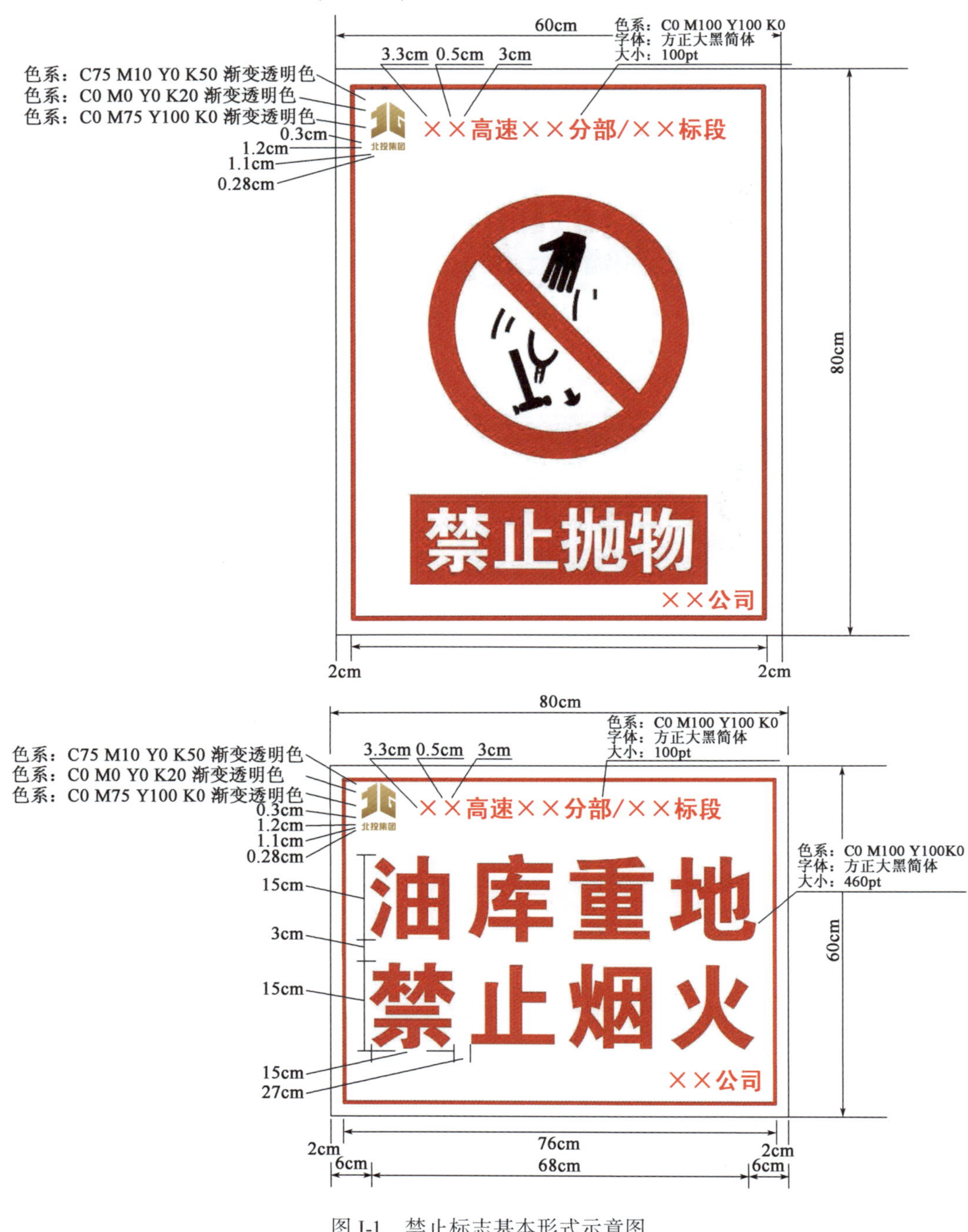

图 I-1 禁止标志基本形式示意图

I.2　警告标志的基本形式(图 I-2)。

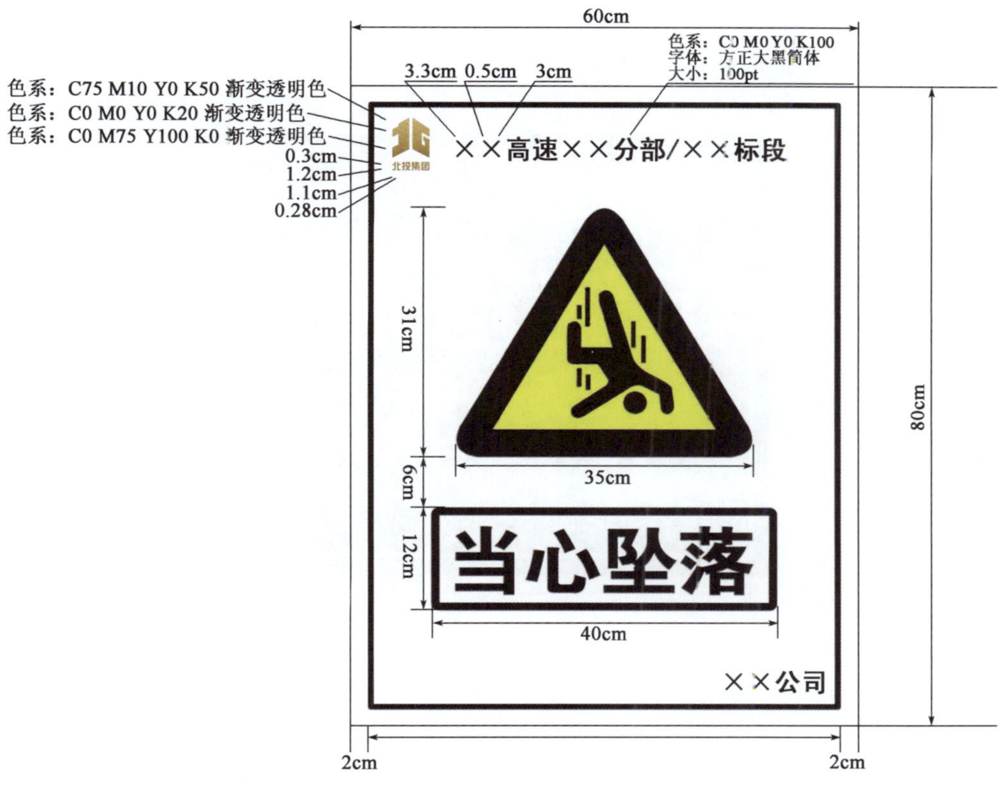

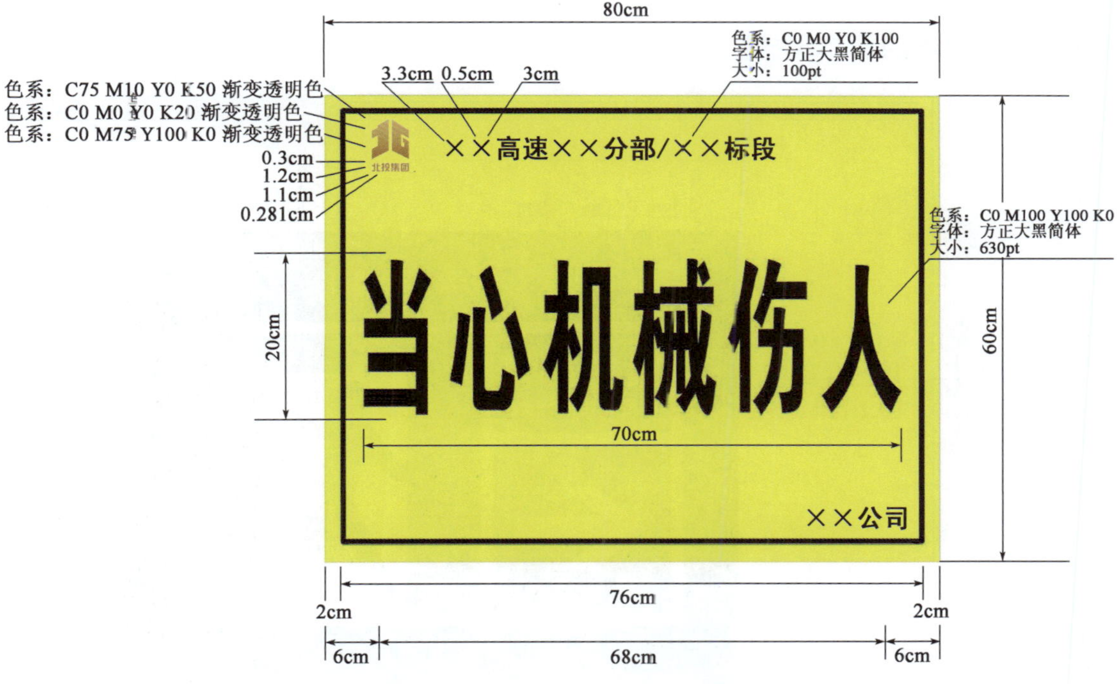

图 I-2　警告标志的基本形式示意图

I.3 指令标志的基本形式(图 I.3)。

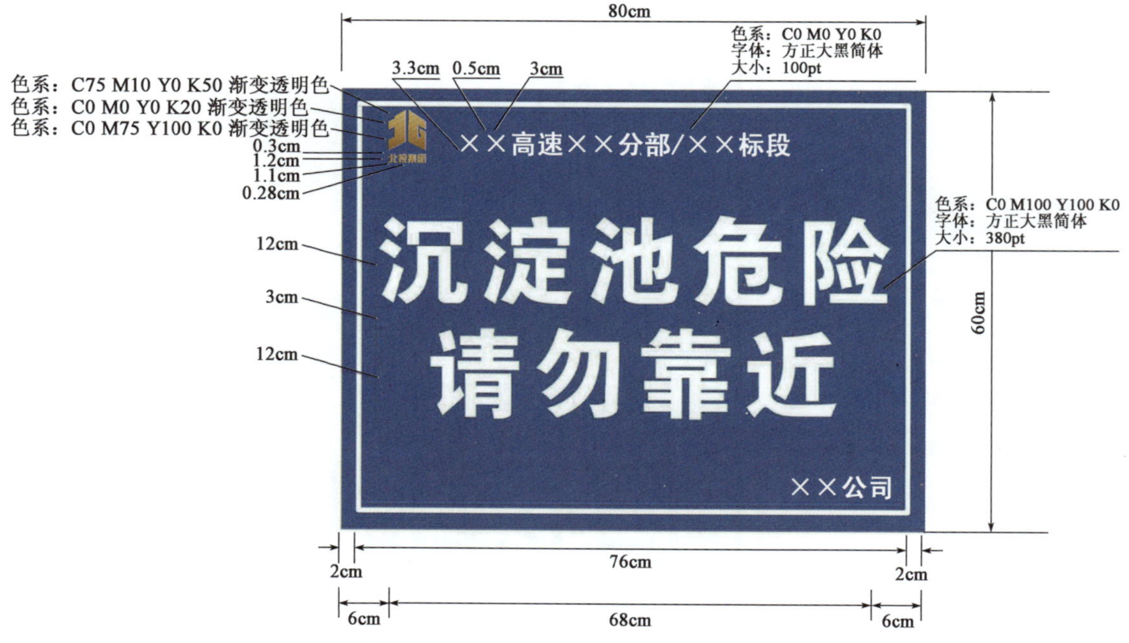

图 I-3 指令标志的基本形式示意图

I.4 提示标志的基本形式(图 I-4)。

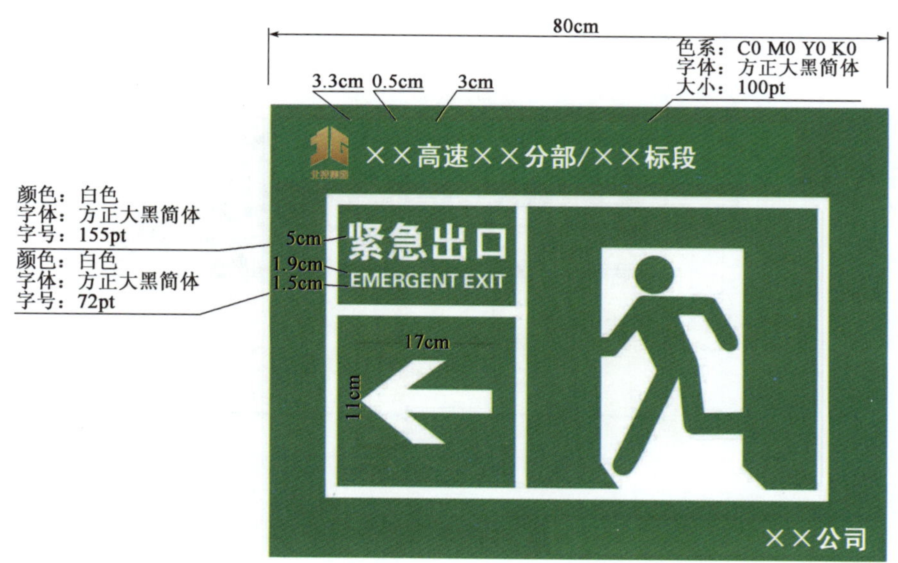

图 I-4 提示标志的基本形式示意图

I.5　标识牌基本制作(图 I-5)。

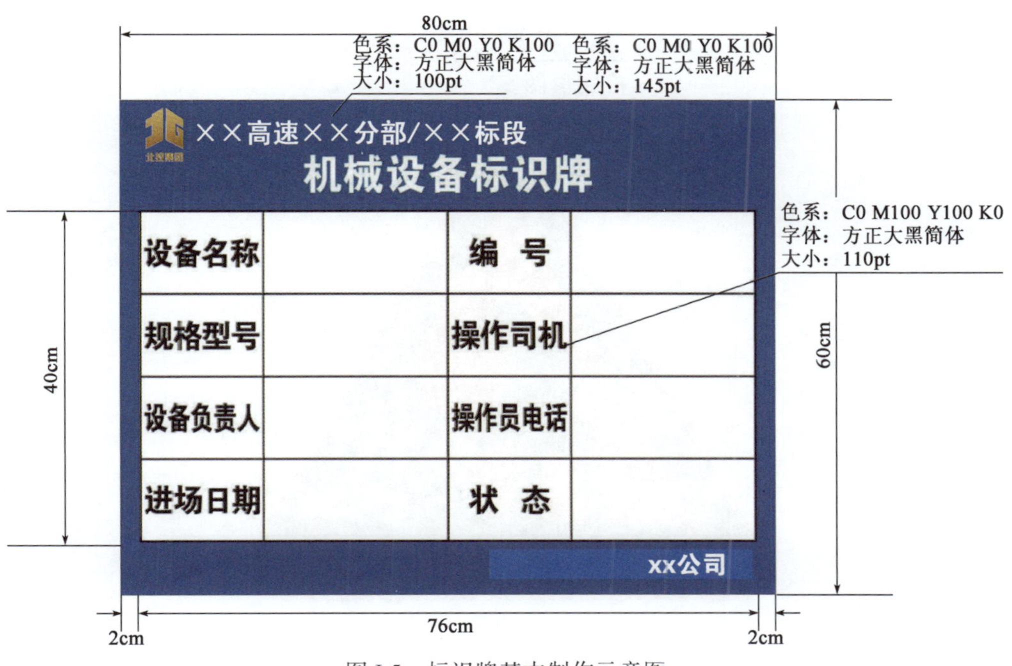

图 I-5　标识牌基本制作示意图

I.6　五牌一图基本制作(图 I-6)。

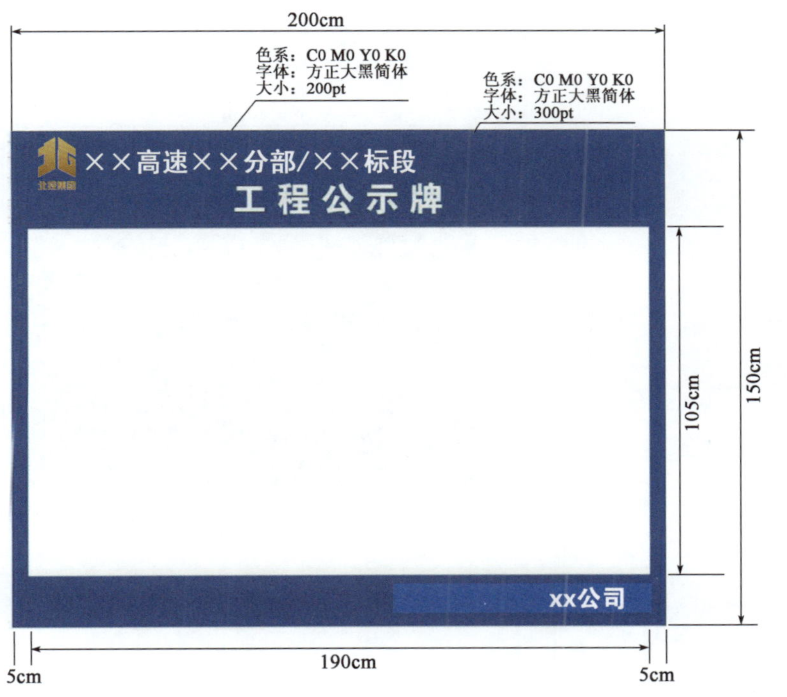

图 I-6　五牌一图基本制作示意图

I.7 施工标志基本制作(图 I-7)。

图 I-7 施工标志基本制作示意图

I.8 800cm×600cm 标志牌单面、双面基本制作形式(图 I-8)。

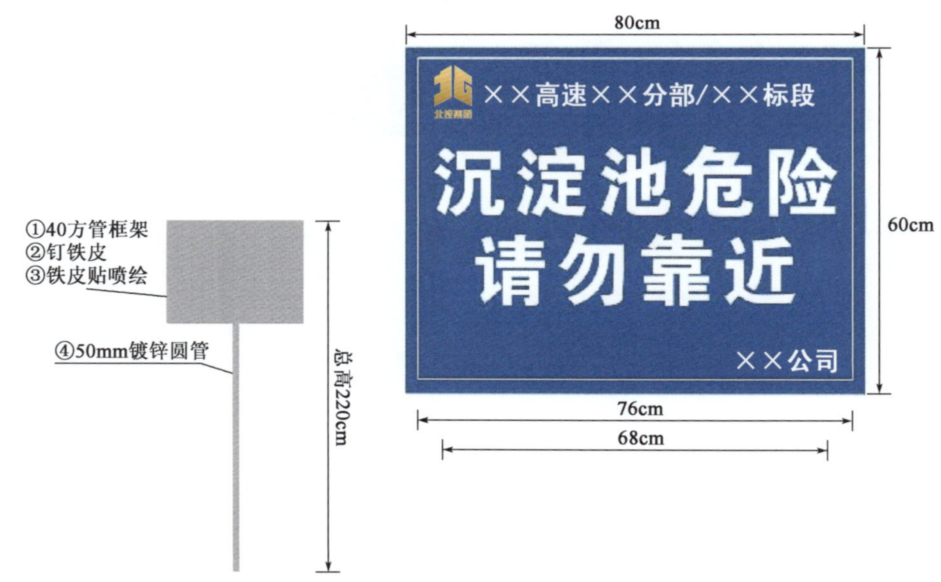

图 I-8 800cm×600cm 标志牌单面、双面基本制作形式示意图

I.9 800cm×600cm 标志牌单面基本制作形式(图 I-9)。

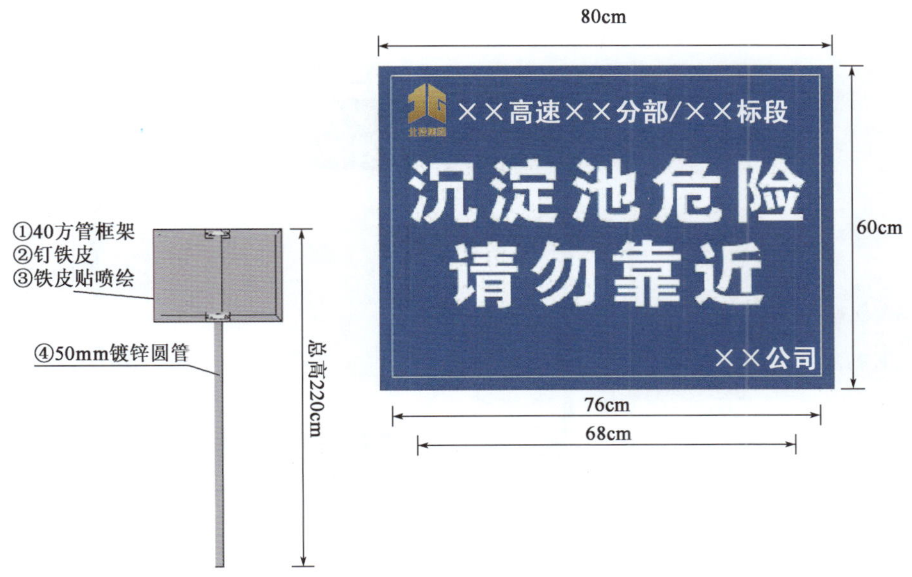

图 I-9 800cm×600cm 标志牌单面基本制作形式示意图

I.10 120cm×100cm 标志牌基本制作形式(图 I-10)。

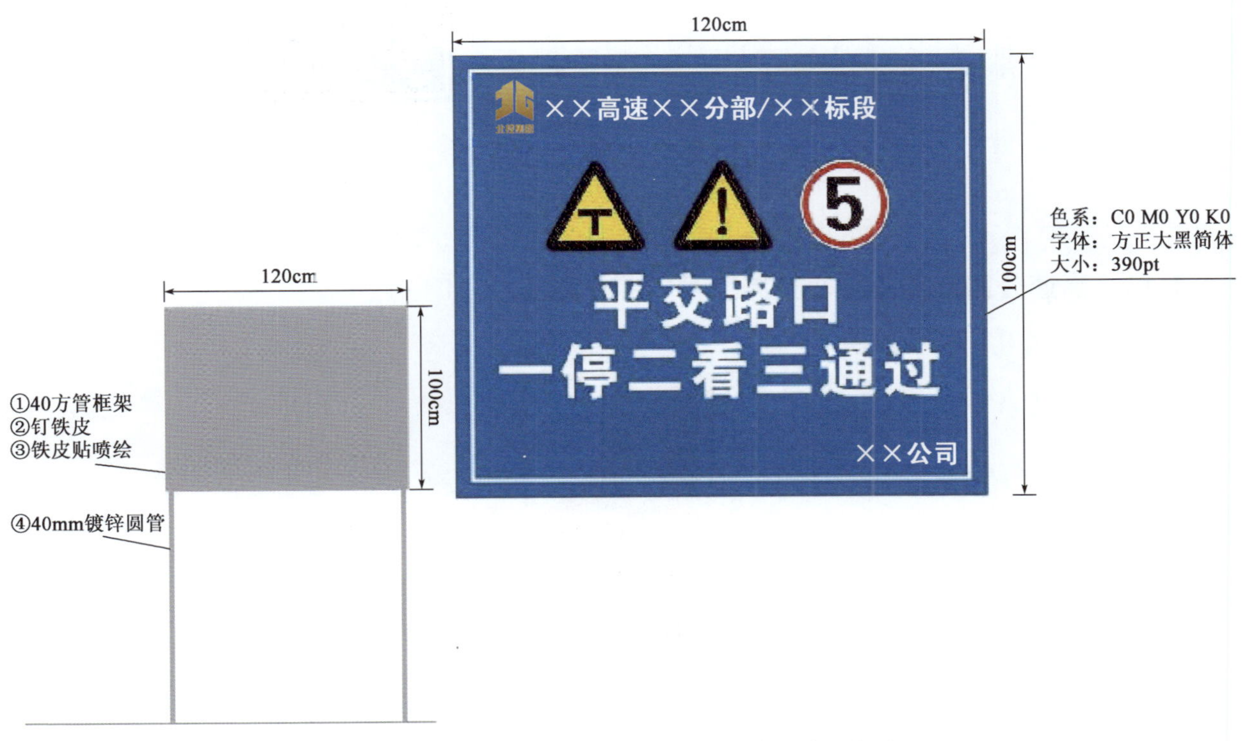

图 I-10 120cm×100cm 标志牌基本制作形式示意图

I.11 200cm×150cm 标志牌基本制作形式(图 I-11)。

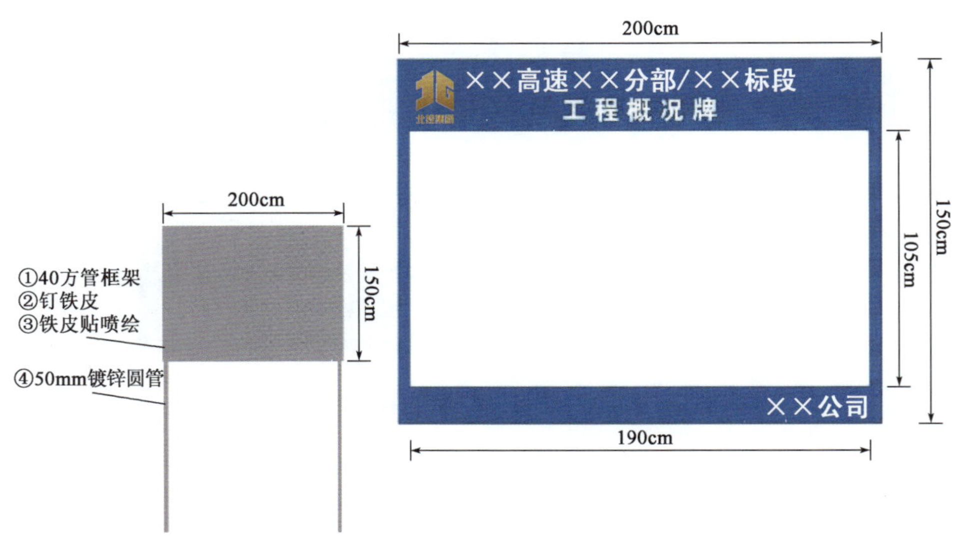

图 I-11 200cm×150cm 标志牌基本制作形式示意图

I.12 路基路面活动三脚架制作形式(可单面、双面)**1.1m×0.5m 反光膜+铁皮面板方通铁管框架,总高 1.2m,蓝底白字,活动折叠**(图 I-12)。

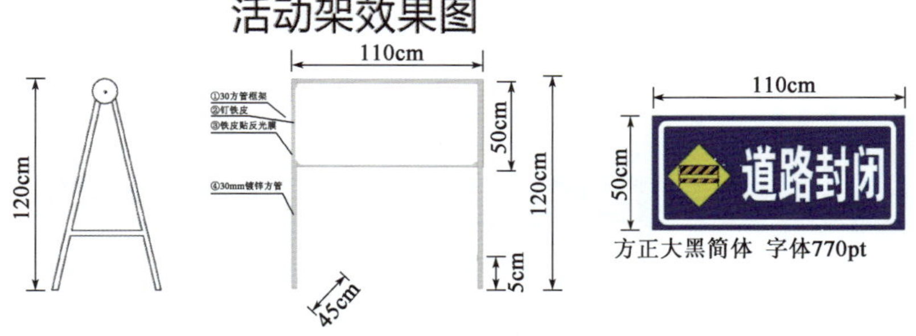

图 I-12 路基路面活动三脚架制作形式示意图

I.13 高速公路涉路施工车道减少基本制作形式(图 I-13)。

图 I-13 高速公路涉路施工车道减少基本制作形式示意图